樋口万太郎 著

はじめての
3年生担任

4月5月のスタートダッシュ

東洋館出版社

はじめに

　本書は3年生、そして4・5月に特化した本です。

　学級づくりの類書にあるような、1年間の実践を載せ、先を見通して学級経営や授業づくりをしていくことは大切なことです。異論はありません。

　しかし、先を見通すもなにも、4・5月の2ヶ月間を失敗してしまってはどうしようもありません。

　そこで、本書では【4・5月の2ヶ月間をスタートダッシュしよう】ということをテーマにしています。

　3年生、4年生の中学年を初任の先生や若手の先生が持つ傾向があります。1年生や5・6年生といった学年よりも持ちやすいというイメージがあるのでしょう。

　私はこの教師という職業は知識と同様に経験も大切だと考えています。若い方はこの経験が少ないのはあたりまえのことです。

　しかし、そのせいで学級が崩れてしまい、高学年で力のある先生が立て直すという話をよく聞くことがあります。

　でも、それは経験、力が足りていない先生がすべて悪いのでしょうか。もちろん、悪い面もあることでしょう。でも、すべてではありません。私はシステムが悪いと思っています。初任の先生の多くは、4月に子どもたちに出会う1週間前までは、大学生だったのです。たった1週間、168時間で環境が大きく変わるのです。

　ただ、そうは言っても現実が待ち受けています。そこで本書では【4・5月の2ヶ月間をスタートダッシュ】するための大切なマインドも書きました。マインドを知ることで自分の行動も変わってきます。

　みなさんが、小学校3年生のときの担任の先生の名前を覚えているでしょうか。ほとんどの方は覚えていないのではないでしょうか。一方で、6年生の担任の先生の名前は覚えていることでしょう。そんなもんです。でも、将来、名前は忘れられたとしても、子どもたちの根本の力をつけていく、そんな1年になるようにまずは、4月・5月をスタートダッシュしましょう。

樋口万太郎

もくじ

3章 5月に大切にしたいこと　61

4章 トラブル対応　79

5章　タブレット端末を使った実践　105

6章　ミニトーク　121

1章

イマドキの3年生

3年生ってどんな子ども？

　3年生（8歳〜9歳）と聞くと、どのようなキーワードを想像しますか。

・中学年

・ギャングエイジ　（最近あまり聞かなくなったような…）

・成人まで残り半分　（残り半分なことに驚きます…）

・9歳の壁　（最近、何歳にでも壁があるような…）

・中間反抗期

　といったところでしょうか。

　上記のキーワードの中で、あまり馴染みがないのが、「中間反抗期」という言葉ではないでしょうか。

　一般的に『反抗期』は、大きく2つに分類されるといわれています。

　第一反抗期：いわゆる「イヤイヤ期」と呼ばれる2〜3歳ごろ

　第二反抗期：小学校高学年〜中学生の時期＝思春期

　（子どもの反抗的な態度にイライラしてる！？　【"中間反抗期"の時期・特徴・対処法】より引用）

（https://kodomo-manabi-labo.net/middle-hankouki）

　私たちの「反抗期」のイメージは、この第二反抗期のイメージではないでしょうか。

　しかし、第一反抗期と第二反抗期の間にも反抗的な態度が現れやすく、この間のことを『中間反抗期』と定義されています。

　小学校１年生・２年生の低学年であった子どもたちは、これまで自分のことを言いたい、自分のことを聞いてほしい、自分がやってみたいなど**「自分中心」**でした。

　「ねぇねぇ、先生聞いてよ！」といった子どもの姿、友だちの発表を聞くことよりも自分の考えを優先してしまう子どもの姿は、まさに自分中心の姿といえることでしょう。

　しかし、３年生になるとその姿が変わってきます。これまでは「自分中心」だったところから

「相手や集団をより意識」

するようになります。そのため、これまで以上に
・相手を意識するようになる
・集団をつくろうとする
・集団の一員としての自分の役割に悩む
・集団における友だちとの関係に悩む
ということが増えると感じています。

　このように相手や集団をより意識します。その結果、相手や集団に関わるトラブルが多く起きます。しかし、こういったトラブルが起こり、話し合っていくことや考えることや悩むことは、

子どもから大人へと成長するために必要不可欠

なことです。

　それでも、子どもたちは「子どもらしい」です。ここまでの文で、最近の子どもはこわいと思われたかもしれませんが、そんなことはありません。新納（2019）は「３年生の学級づくり」（日本標準）にて、

> ３年生が現在において、３年生が最も子どもが子どもらしく過ごせる最
> 後の時間でないか、と感じています

と述べられています。

　３年生の子どもたちは、戦隊モノやポケモンなどで○○ごっこをしていた
り、外で汗だくになってドッジボールをしたりと子どもらしいです。

　だからこそ、子どもならではの物事の考え方もありますし、悪気のない行
動もあるというのが現実です。

　３年生には、新たなことも始まります。学習面でいうと、理科や社会が始
まります。習字が始まります。学校によってはクラブ、委員会が始まるとこ
ろもあることでしょう。そういったことを楽しみにしている子もいます。

　２年生のときよりも新たな取り組みが始まる学年です。その変化について
いけるのか、こちらも子どもたちをみていくことが大切です。

　こういったことを踏まえて、私は昨年度、学年の目標を「connect（コネ
クト）」と名付けました。これは一般的にいわれる３年生の様子を考慮して、
決めたものです。また、スティーブ・ジョブズ氏の「Connecting the dots」
という言葉から影響を受けた目標でもあります。

　一人ひとりの子どもはドットです。一つのドットです。しかし、そのドッ
トがつながることで、線になります。そして、その線と線が結ばれていくと
図形になっていきます。その図形と図形を結ぶと…といったように、もとは
一つのドットでも、つないでいき、大きな形をみんなで創造していくところ
に、子どもたちの関係づくりや学級づくりなどを思い浮かべたのです。これ
を１年間通して目指していくというメッセージです。

　教師はドットがつながるように、サポートをしていくことが求められます。
つながるということは簡単なことではなく、難しいことでもあります。

現在の社会と3年生

　前節では一般的な3年生の姿について書いてきましたが、この節では今現在の社会について私が考えていることを述べていきます。

　子どもと関係ないのでは？　と思われたかもしれませんが、子どもも社会の一員です。子どもの取り巻く環境に大きく関係をしています。

　私は15年前に3年生の担任をしていました。読者である皆さんの中には、15年前は小学校中学年だった方もいらっしゃるのではないでしょうか。15年前と現在では大きく変わっています。

　拙著「これから教壇に立つあなたに伝えたいこと」（東洋館出版社）でも書きましたが、失敗を許さない風潮がここ最近あります。15年前は失敗を笑って許してくれる雰囲気がありました。失敗をしても、その失敗をフォローする時間があったように思います。でも、残念ながら現在はあまりそれらを感じません。何か教師自身も消費され、失敗を許されず、すぐに解決策や成功へと導くことが求められているように感じます。

　それは、なぜでしょうか。私が考えるに、

世の中のスピードが速くなった

ように感じるのです。スピードが速くなったため、失敗を許してくれないのです。

　私もお世話になっていますが、流行を採り入れつつ低価格に抑えた衣料品を大量生産し、短いサイクルで販売するブランドがあります。ファストファッションと言われています。

　また、執筆しているときに、テレビや動画を倍速でみるというニュースが話題になったり、音楽のイントロ部分を聞かずにとばすということが話題になったりもしました。サビから始まる曲も以前に比べると、多くあります。そのことに対して、昔の方がよかったのにと言うつもりはありません。私はサビから始まる曲も、B'zのようにイントロが長い曲も大好きです。

　子どもたちの遊びである「ゲーム」も以前の家庭用ゲームからソーシャルゲームをする子も増えました。自分に不利益があるとすぐにゲームを終わらせようとしたり、リセットをしたりすることは昔からもありましたが、そのリセット方法が以前よりも容易に短時間で行うことができるように感じます。

　短いサイクルでまわそうとしたり、すぐに結論や成功を求めたり、容易にやり直しをしたりするために、失敗に対して、特にふりかえることもなく、

子どもたちが失敗や責任に無自覚になっている

ような気がします。

　ゲームの世界などでは何度もやり直しすることができます。しかし、現実世界はそれほど甘いものではなく、やり直しできることもあれば、やり直しできないこともあります。やはり、

自分の行動には責任が伴う

のです。これは子ども、大人関係のないことです。しかし、なにかこの「自分の行動には責任が伴う」という意識も薄れているように感じるのです。

　世の中のスピードが速くなり、失敗を許さない雰囲気があるものの、そもそも子どもたちは失敗に無自覚になっているというなんだがアンバランスな

社会になっているように私は思うのです。

　そして、今どきの3年生は、これまでの3年生とは大きくちがいます。昨年度（2022年度）の樋口学級の子どもたちは、

・入学式が4月ではない
・プールがはじめて…
・遠足がはじめて…
・タブレット端末があるのが当たり前
・グループ活動をあまり行っていない
・マスクをつけている（周りの目が気になる）

　といった特徴があります。

　この子たちは、コロナにより全国一斉休校になり、4月に入学式がありませんでした。翌年の子どもたちも制限の中の入学式だったことでしょう。

　この子たちは、3年生でプールに初めて入りました。子どもたちは「初めてプールに入る！」「私、プールドキドキする」などまるで1年生の子どもたちのような反応をしていました。自治体によっては前年度から入っているところもあったことでしょう。でも、共通しているのは数年分の水泳の学習内容がないということです。3年生の水泳はクロールを行うところが多いと思いますが、数年分の水泳の学習内容がないために、取り組む内容を考え直さないといけません。

　この子たちは、給食中にグループになり、話をしながら、給食を食べるという経験がありません。黒板の方を向き、黙食ということしか知りません。そのため、遠足でお弁当を食べるとき、シートをひき、距離は保ちつつも、お互いの顔を見ながら食べることが、遠足の内容よりも楽しいと言っている子もいました。

　この子たちは、昨年度からタブレット端末が導入されていました。今年度の3年生の子たちなんかは、入学したときから当たり前のようにタブレット端末があります。

　この子たちは、授業などでグループ活動をあまり行ってきてはいません。机も常時ソーシャルディスタンスをとり、黒板の方に机が向いている状態です。アクティブ・ラーニングといわれたとき、散々取り入れられたグループ

活動が幻のようになくなっていきました。

　グループの中で話し合うことで、子どもたちは成長することもあります。だからこそ、

グループ活動を意図的に多く取り入れていく

　必要があるとも考えています。昨年度、グループ活動を意図的に取り入れていきました。子どもたちのとても楽しそうに取り組んでいる姿がありました。

　そして、最後に「マスク」という存在です。マスクをつけることが当たり前になっている子どもたちです。熱中症対策などで体育のときに外そうと言っても、自分のすべての顔を見られることを恥ずかしがる子どもたちが多くいます。これから先は、「マスクをどう外させていくのか」ということが課題になってくることでしょう。

　前節では、3年生は「相手や集団をより意識するようになります」と書きました。これは「これまでの3年生」のことなのかもしれません。

　「マスク警察」という言葉を数年前よく聞きました。マスク警察とは、マスクを着用していない人に対して過度の注意を促す人たちのことです。「○○さん、ちゃんとマスクをしてよ！」とやさしく言えばいいのに、厳しく言う場面にも何度も出会ったことがあります。厳しく言ってしまう子も悪くはないのです。その子自身が言われてきたことをしっかり守っているだけなのです。

　過度の注意を受けないように、または周りの目を気にして、マスクをきちんとつけようと思っている子たちは多くいます。

　つまり、

これまでの３年生以上に、相手や集団のことを
意識して子どもたちは成長してきている

のです。ただ、これまでの相手意識とはちがうのです…。

　マスクをしない人をみるとコロナ感染の不安と共に、「自分はちゃんとマスクをしているのに、あの人は…」「自分は我慢しているのに、あの人は…」といった気持ちがこれまで以上に出てきてしまうのでしょう。大人の私たちがそのように思うのですから、子どもたちはより思うことでしょう。

　だから、その人にきつく注意をしてしまうのです。注意をする側は、自分の正義だと信じて行っているのでしょう。ただ、「マスクしてよ」と注意することは決して間違えていることではありません。きっと他の人も迷惑しているのではと考えているのかもしれません。他の人も…というのも相手意識といえることでしょう。

　しかし、その「正義」は**相手意識がない**自分のことだけを考えている「正義」のように思います。

　人によっては、マスクをしづらい状況のこともあります。体調面でもあります。でも、そこは考えることができないのです。

　つまり、ここまでのことをまとめると、

相手を意識しているように見えて、
実は「自分中心」の相手意識を発揮している

状況が子どもだけでなく、大人でもあるのではないでしょうか。

　「相手中心」の相手意識であれば、相手の立場を思いやる気持ちがあれば、きっと厳しくは言わないはずです。

　やはりコロナによって失われたものは大きいと言わざるを得ません。

黄金の3日間

　黄金の3日間という言葉を聞いたことがあるでしょうか。黄金の3日間とは、子どもたちの多くがよい意味で緊張感をもち、学校生活を送る期間であり、この3日間で学級経営の基礎を築きあげることが、学級経営の安定に欠かせないといわれており、TOSSという団体によって名付けられたものです。

　この黄金の3日間に対して、私は否定的ではありません。ただ、言葉が一人歩きしすぎていて、

　「私の学級に黄金の3日間なんてありませんでした…」

　「10分もありませんでした…」

という絶望にも近いSNSのDMで届くこともありました。

　黄金の3日間が必ずどの学級にもあるとは保証されていません。もしかしたら1分かもしれません、1時間かもしれません、1週間かもしれません。目の前の子どもたちの状況によって変わります。

　また、黄金の3日間だけで、学級経営の基礎を築きあげることは時間の関係で難しい場合もあります。特に初日なんかは配布物や教室移動などだけで終わってしまいます。

先程の絶望に近いDMに対して、私は

「確かに黄金の３日間はなかったかもしれません。でも、いくらでも取り戻すことはできますよ。むしろ、ここからが本番です」

「あまり気にしなくても大丈夫です」

という返信をしました。これは私の本心なのです。ここからが子どもたちとの長い付き合いです。あくまでこの３日間は１年間の学級経営の入り口なのです。

中村健一先生は、

> ４月の１ヶ月で、その学級が１年間うまくいくかどうか100％決まってしまいます。

と言われています。

野中信行先生は以下のように「３・７・30の法則」を提案されています。「３・７・30」とは、３日、７日、30日のことを表しています。

> ＜３＞と＜７＞は、どの教師もとても緊張した時間として過ごしていく。しかし、この時間が過ぎてしまうとほっとしてしまう。だから＜３＞＜７＞で作った仕組みは、きちんと確立しないままにいい加減になってしまう。＜30＞で繰り返し繰り返し指導しなくてはいけない。

私だけでなく、この２人の先生も、３日間だけでなく、それ以降のことも考えて、進めていく必要があると主張しています。本書は、４・５月の２ヶ月間でスタートダッシュをすることを提案しています。もちろんは６月以降も大切ですがまずはこの２ヶ月を！　ということです。

子どもたちは様々なことをすぐに身につけることができます。でも、すぐに忘れてしまったり、できなくなったりします。またできたと思ってもまたできなくなることもあります。

タックマンモデルというのがあり、４つの期間を提案しています。

形成期：メンバーが集められ関係性を築いていく時期

混乱期：メンバーの考え方の枠組みや感情がぶつかり合う時期

統一期：共通の規範や役割分担ができあがっていく時期

機能期：チームとして機能し、成果を出していく時期

　この形成期が４・５月と考えてください。本書で提案していることは形成期のことばかりです。

　担任の先生方は４月、学級経営をとてもがんばられる方がいます。

　しかし、そういった先生方から

「GW明けに４月に行ってきたことができなくなっている」

という声を聞くことがあります。私もこれまでにそのように感じることがありました。

　これまでの私は、ゴールデンウィーク明け、４月にできていたことができなくなっていることに嘆いてきました。

　しかし、よく考えると、本当にできていたのなら、ゴールデンウィーク明けにもできているはずです。

　つまり、私たちができるようになったと思っていたことは、実はできていなかったということ、できるようになるための途中だったのです。だから、ゴールデンウィーク明けにできなくなっていたことがあったとしても気にしないでください。まだできるようになるための途中だと考え、５月末までに完成を目指しましょう。

　また、それまでにできていなかったことがあったのなら、ゴールデンウィーク明けから取り組んでいきましょう。まだまだ間に合います。４月最初の３日間がすべてではありません。

GIGAスクール時代の子どもたち

　「小学校において、言語能力を育てることは大切ですか」と聞かれて、「いいえ」と答える方はいないことでしょう。

　また、「小学校において、問題発見・解決能力を育てることは大切ですか」と聞かれても、「いいえ」と答える方はいないことでしょう。

　しかし、「小学校において、情報活用能力を育てることは大切ですか」と聞かれた途端、迷われる方や「いいえ」と言われる方がいます。

　間違えてはいけないのは、情報活用能力は言語能力、問題発見・解決能力と同等に育てていかないといけない能力です。

　だから、タブレット端末を使っていくことはもう必須なのです（情報活用能力＝タブレット端末の操作ではありません。他にもありますが、今回は割愛します）。

　全国学力・学習状況調査の調査方法においてもCBTが2024年から中学校から順次導入していき、2025年度以降に速やかに導入をしていくという発表がありました。きっと、2025年以降には小学校６年生でも行われることになります。

2025年に小学校6年生の子どもたちは、現在中学年の子どもたちです。別に全国学力・学習状況調査のためとは思いませんが、タブレット端末に慣れ親しんでおくことは、言語能力や問題発見する力、解決する力と同様に大切であり、必須なのです。

残念ながら、タブレット端末を使う学級と使わない学級があります。昨年度はバンバン使っていたのに、今年度は…。という話が本書を執筆しているときにも聞こえてきました。それが原因で学級が崩壊したという話も聞いたことがあります。

そんな状況です。だから、タブレット端末を使うだけで

この先生はタブレット端末を使う！　すげぇー

となることが多いです。

最初は慣れないかもしれません。しかし、タブレット端末を使うことはもうこれから必須なのです。夏休みや土日などに、タブレット端末を使うという経験を積むしかありません。

本書では、

108ページに「毎朝classroomで連絡」

112ページに「企画書」

113ページに「1週間のふりかえり、来週の目標立て」

114ページに「自分のペースでプリント学習」

120ページに「フラッシュカードが便利」

などのように、すぐに取り組むことができそうなものも紹介しています。どんどん取り組んでいきましょう。

3年生でついに国語科にて、ローマ字の学習をします。だから、単元の時期を入れ替え、4月当初にもってきて、タイピングの練習をしていくように計画している学校も増えてきたように思います。

3年生の1学期には、

1分間で40文字

という１学期の目標を立てました。なぜ40文字なのかエビデンスはありませんが、目の前の子どもたちの実態からこのように設定しました。

　ちなみに、以前６年生を担当したとき、全員が１分間で100文字は超えていました。

　タイピングは練習をすればするほど上達します。雨の日、外で遊べないとき、ちょっとした隙間時間などはすべてタイピングの練習時間にあてました。

夏は風鈴リーンリーン美味しいアイスをペロペロペロ夏の海は輝くよ　31文字	35	ぼくは、なつで、きにとまっていたせみをみつけました。たせみをみつけました。　37もじ	わたしは、なつになったら、うみにはいりたいですなぜなら、つめたくて、きもちいからです。　39
去年ひまわり畑に行きましたその日、たいようがぎらぎらしていて　31文字	24	スイカが、好きです。なぜかというと、あまくて　22	わたしは、かきごおりおがすきです。なぜなら　21
52！	夏休みに海に行きました。初めては	海でかいをひろいましたそのなかにきれいないかい	夏祭りが好きです。理由はたのしい

　５月終わりで、40文字を超える子も出始めました。当初多くは、30文字ぐらいの子たちでした。子どもの成長はとても早いです。きっと３月末には、私のタイピングの速度を超える子も現われることでしょう。

　１学期で40文字という目標を立ててはいますが、きっと達成しない子もいることでしょう。そういった子には、１年間かけて、取り組んでいくことができるようにサポートをしていくようにします。もちろん手書きも認めておきます。

　（原稿を執筆している１学期の６月段階では、１分間で40文字をタイピングできる子が８割近くになりました。）

イマドキの保護者

　これは3年生だからというわけでなく、全学年において保護者に対して気になることがあります。それは、

・匿名の電話

・匿名のメール

・匿名のFAX

がここ最近増えたということです。みなさんの学校はどうでしょう。

　内容は学校に対しての疑問点、願いなどが多いのですが、なかにはこれって別に連絡帳でくれたらいいのにと思う内容もあります。とても不思議に思うのです。そこで、あるとき保護者にこの話をして、どうしてだと思いますか？　と聞いてみました。すると、

・学校に話をすると、モンスターペアレントと思われないか心配

・我が子になにかマイナスなことがあるかもしれないので心配

・成績を下げられないか心配

そして、次の言葉が衝撃的でした。

「まんたろう先生、子どもは学校にいる時間が長いでしょ？我が子を人質に取られているという感覚があります」

みなさん、この言葉に衝撃を受けませんか。たしかに、

「先生、こんな電話をしてごめんなさい。決して、モンスターペアレントではないので…」

と保護者に言われたこともあります。「全然、そんなふうに思っていませんよ」と返信をしたこともあります。

なにかモンスターペアレントという言葉が一人歩きをしてしまっている現状があるように感じました。

10年前はこのようなことを言われたことがないです。何が原因なのでしょうか。ここまでに書いているように、社会が変わったこともあげることができます。さらには、保護者が学校に来る機会が減り、何か情報を得ることができないということも原因としてあげられそうです。でも一方で、LINEグループなどで保護者同士はすぐに良い情報から悪い情報まで共有することもできる世の中です。そのLINEグループで同調圧力を感じ、しんどい思いをされている方もいることも事実としてあります。

4月の学年懇談会では、学年主任から

「学校と家庭と連携をして、子どもを育てていきましょう」

という話を必ずすることでしょう。しかし、上記のような状態だと、連携をして子どもを育てているとはいえないことでしょう。

もちろん、保護者からの理不尽なクレーム、度を越した要求などは管理職含め対応をしていく必要があります（88・89ページをごらんください）。しかし、保護者から何か連絡があると、すぐに「モンスターペアレント」呼ばわりしている同僚に残念ながら出会ったこともあります。本当にそうでしょうか。そんなふうに思ってしまう先生こそモンスターティーチャーなのです。

保護者のみなさんが昔から変わらないことがあります。それは、協力的に取り組んでくれるということです。これは変わりません。急な無理なことにも対応をしてくれます。本当に感謝です。

もう1つは、子どもの話を鵜呑みにしてしまうということです。これはある意味仕方のないことです。ママ友の情報、そして子どもから情報を得るしかありません。そのため、子どもの話から判断するしかないのです。子どもは自分の都合のよい話をすることが多いです。また、きちんと話をしようとしても、抜け落ちてしまうということもあります。そこで、納得をしなければ、学校に連絡があるということです。

　子どもたち同士は納得をしていても、保護者が納得しないということもここ最近増えてきたように思います。また、

「前の学年のトラブルを引きずっている」

　ということを最近多く感じます。前の学年でこんなことをされたから、殴られたからといった理由を子どもたちも話し合いのときに言ってきます。

　そして、子どもたちだけでなく保護者も伝えてきます。これは、

前年度のトラブルを子どもも保護者も納得していない

　からです。1、2年生のトラブルの指導で多いのは「ごめんね・いいよ」という指導です。相手がごめんねと言うと、いいよと納得をしなくても言わざるをえないこともあります。

　だから、私は

・「納得した？」「まだ言いたいことがあれば言ってね」と話し合いの最後に聞くようにしています
・「この場で許さなくてもいい。今後の様子をみて、いつか許してあげて」と言うようにしています。
・子どもの表情をみて、納得しているか・していないかということを判断する

こともしています。

　納得する指導のために、粘り強く取り組む必要があります。

2章

4月に大切に
したいこと

4月の自己紹介

　子どもたちに、次のような挨拶をしたとします。

　「はじめまして、今日から3年○組の担任になる樋口万太郎です。先生は今年初めて先生になりました。先生1年目です（はじめて3年生の担任をします）。失敗もたくさんあると思いますが、一生懸命がんばりますので、よろしくお願いします」

　みなさん、どう思いますか。なんか不安に感じませんか。

　「先生、1年目なのか（はじめて3年生の担任をするのか）…大丈夫？」「失敗もあるのかな…大丈夫？」

などと不安に思ってしまう子もいるかもしれません。特に新しいことが多く始まる3年生ではより不安にさせてしまいます。あえて最初の自己紹介でこのように言う必要はありません。この先生ってこういう先生かな？　というプラスな印象を子どもたちにもってもらいたいです。だから、

①名前
②好きな○○について紹介

③子どもからの質問タイム

④１年間どのようなクラスにしたいのか宣言

といったような流れをオススメします。

　①④はとても真面目に言い、②③は盛り上がるようにといったように、緊張と緩和で行っていきます。私が行う自己紹介の一部です。

> 初めまして、先生の名前は、樋口万太郎と言います。
>
> 先生には珍しいことが２つあります。
>
> １つ目は、名前が珍しいと言われます。このクラスに万太郎くんっていますか？　先生も出会ったことがないの。先生、Googleで万太郎って検索して、万太郎って何人いるのかを調べました。
>
> 何人いると思う？　正解は６人です。
>
> ２つ目です。先生、誕生日が珍しいと言われますが、何月何日でしょう。　正解は２月14日です。
>
> じゃあ、先生は最高何個のチョコレートをもらったことがあるでしょうか。正解は、60個です。

　あくまで自己紹介は自己紹介です。これから１年間という長い年月を過ごしていくことになります。もし、自己紹介に失敗しても大丈夫です。これから先で自分のことを知ってもらったらいいのです。

　一方で、教職員や保護者向けに挨拶をするということもあります。保護者に向けてのときもあまり不安になるようなことは言わない方がよいです。まずは、

・なにかあったときにはご連絡ください

・共に子どもをみていきましょう

といったことを前面に押し出すことが大切です。

　教職員向けのときには、短く・真剣に伝えていくといったように、相手によって内容や話し方を変えるということも必要です。

子どもたちの名前を覚えた方が
よいけれど

　子どもたちと出会う前には、できれば学級の子どもたちの名前を覚えた方がいいです。

　初日までに書類の作成、整理などで子どもたちの名前を何度もみる機会があります。そこで、子どもたちの名前を覚えるようにします。もし子どもたちの顔写真があるのであれば、子どもたちの顔と名前を一致させるとよいです。でも、

覚えきれなくても悲観することはありません。

　多くの教育書では、覚えましょうと書いていることでしょう。4月当初はしないといけないことがたくさんあります。名前を覚えることに時間を割くことができないことも正直あります。実は私は子どもたちと出会うまでに名前を覚え切ることができませんでした。

始業式からの1週間で子どもたちの顔と名前を一致

するようになれば、何も問題はありません。そのために、座席表を用意して

おきます。

１週間のうちに、先生はみんなの顔と名前を覚えます！

と宣言をすることもあります。１週間を過ぎたのに顔と名前が一致していないのはアウトです。

　覚えるために、子どもたちの表情を見て、座席表を見て、「○○さん」という機会をとにかくたくさん増やします。

　子どもたちとたくさん遊ぶ中で、名前を覚えることもあるでしょう。

たくさん子どもと触れ合う機会を増やす

ということです。１週間で何度も何度も子どもたちの名前を呼んだり書いたりすることで、自然と覚えていきます。その結果、子どもたちは多く触れ合い、お互いの関係を少しずつ築き始めます。たった１週間、１カ月で関係が築けるわけではありません。関係を築くには時間がかかるものです。逆に関係を築けたと思ってしまう方が、私はこわいです。

　避けたいことは、子どもの名前を間違えることです。当たり前のことですが、とても失礼なことです。「覚えてないから」は理由にはなりません。間違えてしまったときは「ごめんなさい」と謝りましょう。

3日間で何をするのか

　始業式からの3日間は学年で相談し、綿密に計画を立てておきましょう。何に時間をかけるのか、考えておきます。

【1日目】

　学年開きが終了後、

・担任の自己紹介

・手紙や教科書やノートなどを配布

　（手紙は事前に袋にひとまとめにしておくことも時短につながります。ただし、次の日以降は封筒に入れたりは原則しません。そこまで丁寧にすると過保護な先生になってしまいます）

・全員が揃っていれば、学級の集合写真を撮っておく

・自分のランドセルやバッグを入れるところを丁寧に確認しておく

【2日目】

・できたら、授業を行います（国語の授業開きについては次節を参照）。

・自己紹介カードづくり、学級目標決め、係決めばかりをしていては飽きます。なるべく早くから授業に取り組んでいき、先生も子どもも疲れが見え始めたぐらいのときに、学級目標決め、係決めなどを行うことをオススメします。

【3日目】

　2日目にできなかったことをします。授業をより多く行うようにし、みんなで外に出るような機会をつくるようにします。少し余裕がでてきます。

　本当に慌ただしい3日間です。だから、

このことは明日しよう！

と状況に応じて、当初の予定を変更するようにしましょう。無理に行うと、先生も子どももあせり、プラスなことは何もないでしょう。だから、私の場合は必ずしないといけないこと（学年で確認しておきましょう）、配布物を配布した後に、残り時間でどのようなことができるのかを考えます。

　中途半端だなと思ったときには雑談をして盛り上がったり、少し早めに帰る用意をしたりして、下校時間内で最も早く「さようなら」をするようにします。

　大幅に遅れるよりも、早く帰れるようにするだけで、「むむ、今度の先生は、これまでの先生と何かちがうぞ」という印象をあたえることができるでしょう。

　3年生の子どもたちは、もう2人の担任の先生の経験があります。きっと色々なところで比較していることでしょう。

国語の授業開き

　国語の教科書には、詩が掲載されています。私は国語の授業開きは詩を使って、取り組みます。どの詩でも授業の流れは基本的に同じです。子どもたちは盛り上がること間違いなしの授業開きです。

①全員で読む

　全員で声を揃えて、音読をしていきます。もし読み方や意味のわからない用語などがあれば確認をしておきます。

② ソロ（一人）で読む

　一人で読んでいきます。このとき、まずは黒板正面で1回読み、読み終えたら右向け右をして、もう一度読む。これを繰り返して、正面を向いたら着席する「東西南北読み」をします。

　合計4回読みます。このとき、子どもたちはそれぞれのペースで音読をするため、読んでいる速度はバラバラになります。

③視写

次に視写をしていきます。ここで、国語のノートのルールを伝えておきます。

1　題名は4マス1文字で書いていく
2　文章は1マス1文字で書いていく
3　行があいているところはノートもあける

ここまでで1時間終わると思います。④以降は2時間目に行っていきます。

④音読（担当読み→立つ・座る読み→ソロ読み）

詩の行ごとに①、②を交互に書いていきます。そして、①の担当は偶数列、②の担当は奇数列といったように担当を決め、読んでいきます。題名、作者は全員で読んでいきます。

このとき、基本的には席に座っておき、自分の担当がきたら立って読むようにします。

何度か繰り返した後、①②のどこか1つを消し、全員が読む「全」のところをつくったり、一人で読む「ソロ」のところをつくったりして、音読を楽しんでいきます。

⑤この詩に色をつけるとしたら？

最後に、この詩の背景に色をつけるとしたら、何色かについて考えていきます。

何色だと正解ということはありません。なぜその色なのかということを、書かれている文章をもとに説明をすることができたらオッケーです。

大事なのは、書かれていることをもとに考えることです。国語は自分の想像だけで考えていくのではないということを、全体で確認する場にしていきます。

算数の授業開き

　算数の授業開きは、教科書をもとに進めていきます。そして、その中でP.144〜148ページに紹介しているように、子どもたちをほめていきましょう。紹介する実践は、2時間構成で行いました。

①九九表を完成させる

　子どもたちと九九表の空欄をもとに、何×何になるのか、何が入るのかということを確認し、九九表を完成させる時間を設けます。そして、全体で九九表の確認をしていきます。確認をするときは、子どもたちが持っているものと同じものをモニターに映しておき、そこに書き込んでいくことで、確認をしていくことができます。

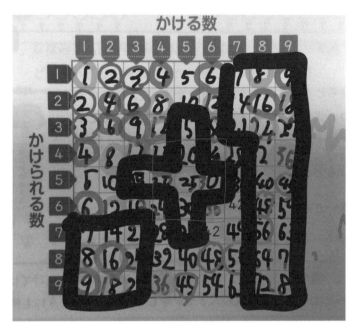

　本時は九九表をつくることがこの時間の目的ではありません。最初から、九九表を提示することもよいでしょう。

②問題を提示する

　「今日は九九表の中からレアナンバーを探そう」
と今日の問題を提示します。

　すると、子どもたちからは「レアナンバーって何？」といった声が聞こえてくることでしょう。そこで、レアナンバーについての確認をしておきます。

③この数はレアナンバーかな

　どの数がレアナンバー（登場回数の少ない数）になるのかを少し確認をしてから、活動に入るようにします。
先生「じゃあ、2はレアナンバー」
子ども「ちがう！」
先生「じゃあ、何回でてくるの？」
子ども「2回」

先生「2回も出てくるの？　じゃあ、どんな式なの？」

子ども「1×2」「2×1」

先生「九九表だとどこかな？」

子ども「モニターだとここにあるよ」

といったように、56の場合についても考えていきます。

　その後、「あれ？　同じ数を入れ替えても同じ数になるんだね」と言い、かけられる数とかける数を入れ替えても答えは同じというまとめを行います。

④レアナンバーについて考える

　レアナンバーについて考える時間を設けます。考え終わるところで1時間目の授業が終了です。

〈2時間目の授業〉

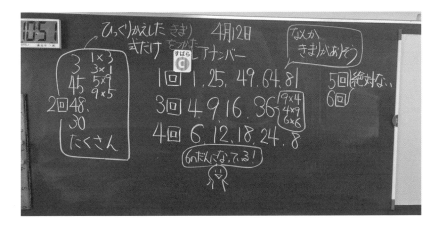

　この時間では1時間目に調べたことを全体で発表するところからスタートをしました。1回しかでてこなかった1、25、49、64、81ということをモニター上に映した九九表に書き込みながら説明していきます。3回、4回登場する数でも同様に取り組んでいきます。その中で4回のときには、「6の段が多く出てくる」といった子どもたちの考えも出てきました。

　子どもたちから、前回5、6回出てくる数があるのではないかということが出てきたため、この授業では話題にしています。子どもたちがレアナンバーより盛り上がったのが、かける数とかけられる数が同じもの同士をかけた数が、斜めに揃っているということでした。

　1・2時間目とも、キャラクター・ふきだしが登場しています。これは、子どもたちのつぶやきを表したものです。気づき、発展的に考えていけるようなきっかけなど、子どもの思考を促すことができるつぶやきや発言をこのように私は表しています。

九九を覚えていない子

　九九を覚えきれていない子もいることでしょう。そういった子に対して嘆くということよりも、

3年生でも九九を継続的に暗記していくようにサポート

していく必要があります。できないことを嘆いていても仕方ありません。算数の冒頭5分に「数問のかけ算のプリントを毎時間していく」「フラッシュカードを使う」ということも有効でしょう。

　3年生の最初の単元は、「かけ算」です。九九で学習したことをあらためて九九表を用いて見直したり、九九を活用して九九以上のかけ算について計算の仕方を考えたりすることがねらいになっています。

　わり算に入るまでには、九九を習得しておきたいものですが、どうしても習得できていないこともあるでしょう。この単元でももちろん九九は使用します。しかし、九九も大事な一方でこの単元では

- 交換法則
- 結合法則
- 分配法則

といった大切なことも学習します。

　こういった学習の妨げにならないように、授業によっては九九の一覧表を渡すということもあってもよいのです。机の右上に貼っておくとか、ふで箱のあけたところに貼っておくとか、タブレット端末で九九（答えつき）を送信しておくなどしておきます。九九を覚えていないことによって本時の学びがまったく進まなかったということは絶対に避けないといけません。まったく進まなかったことが積み重なっていくと、どんどんできないこと、わからないことが増えていきます。

　ただこのようなものを渡すと何も考えられないのではないか、カンニングではないのかと思われるでしょう。だから、わり算の単元で、「12÷4の答えを求めるために4の段を探す」といったわり算の仕組みがわかればよいときに渡すということが効果的です。

思考の場面で使用させるというイメージ

です。九九があいまいな子どもにとっては安心して本時の学習に取り組めることでしょう。それ以外のときは出させないようにしておきます。

係活動

　当番とは、学級を運営していくうえで必要な仕事のことを指します。給食当番、掃除当番などは必要です。なければ、大変なことになります。一方で、係はあればクラスがよりよくなるものです。そのため、当番とはちがい、必ずしも必要なものではないです。そして、子どもたちにはきっと2年間分の係や当番の経験があります。

　私は子どもたちが「係活動をつくったらいいじゃない？」と言ってくるまで、係活動を最近はつくったりしていません。教師がつくろうと言うことと、子どもたちが言い出すことには雲泥の差があります。

　学級で係を決めるときは、

①教師からの思いを伝える

　「みんなでクラスをよりよくしていくための係をつくろう？」

②学級でどのような係が必要なのかを話し合う

　「どんな係が必要かな？」

③係に立候補をさせる

④係決定

といった流れが一般的です。

　このとき、どの係に何人いるのか（例えば、配り係……6人）を決める先生は多いことでしょう。でも、その人数の根拠はなんでしょうか。別にどの係に何人いようが構わないのではないでしょうか。

　人数を決めたことで、自分のしたい係をすることができず、次のようなことが起こる場合があります。

　「納得せぬまま家に帰る」→「家でお家の人に言う」→「学校に連絡がかかってくる」→「次の日、係を変える」→「どうして決定した係なのに変えるのか」→「子どもたちから不満が出る」→「先生への不信感」というように負のスパイラルが起こる可能性があります。

　でも、人数を設けないと、係に偏りが生まれるのでは？　と心配される先生もいることでしょう。その発想を変えるのです。

　そうなってしまったときには、「移れる人はいませんか」と聞き、それでも係が0人であればその係は必要ないということです。なので、その係活動を消したらいいのです。

▷係ではなく、当番にして、1人1当番

　1人1当番ということに昨年度取り組んでいました。下の写真のようにホワイトボードに書いておき、出席番号のマグネットを貼っておきます。

①朝に登校して自分が今日何かを確認

②当番をする時間（5〜10分間、連絡帳を書いた後に実施）を毎日つくり、それぞれが実行

　②の時間にできない当番は、適宜行うようにします。右の写真は、子どもたちと話し合ってパワーアップさせた1人1当番の表です。1人1当番は一人ひとりに責任をもたせることができる取り組みです。

　係や当番活動は時間を確保することも必要です。

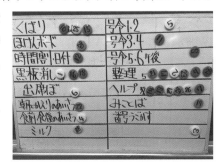

係活動をふりかえる場

　係活動をやりっぱなしで終わるのではなく、今週の活動をふりかえり、来週へとつながるような場を設けることが大切です。そこで、私は金曜日の6時間目に特別活動の時間割を設定することが多いです。その時間内で、短時間でふりかえる場を設けるようにしています。

　ふりかえる場では、以下のようなシートを使っているときもありました。このシートはタブレット端末上で取り組みます。書けたら、提出をするようにします。

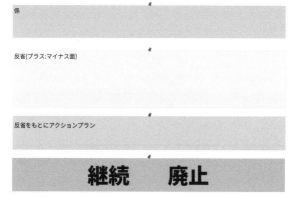

ふりかえりシート

係

反省(プラス:マイナス面)

反省をもとにアクションプラン

継続　　　廃止

　この表では、下に「継続・廃止」という項目をつくっています。これは、この係活動を継続・廃止するのかを選択するということです。本当に、係が必要ないのであれば廃止をすればよいと考えています。廃止になるのであれば、ちがう係に加入するか、新たな係を新規作成するようにします。

給食指導

「給食を食べ終えるまで遊びにいくことはできません」

「無理やりに食べさせる」

「無理やり、口にスプーンを持っていく」

「絶対に減らすことができない」

といったことは絶対にしてはいけません。私が小学生のときはこういったことがよくありましたが、もう時代遅れです。

　ここ最近、申し送りや保護者からの4月当初で

「給食を減らしてください」

という連絡がきます。よく聞くと、上記のようなことが2年生までにあったようです。2年間で、給食嫌いの子は確実にいます。

　私は、その子に応じて食べる量はちがうということを大切にしています。私が食べる量と子どもが食べる量は本来同じ量ではありません。これは、同じ3年生でも同様のことがいえます。

　同じ給食費だから、同じ量をと言われたら、それ以上に言うことはできなくなるのですが、自分が食べる適切な量のために、量を減らしたり、増やし

たりすることはしていくことが大切です。

　したがって、いただきますをする前に、

量を減らす・増やす時間を必ず設ける

ようにします。３年生なら自分の量を把握しています。

　このとき、問題となるのが、好き嫌い問題です。私は

一口でも食べる

というようにルールをしていますが、それでも無理な場合は超一口というようにしています。

嫌いなものを食べる量も最適にしていくことが求められている

と考えています。

　とにかく無理をさせないことです。給食が原因で学校に行きたくないという話も聞いたことがあります。そうなってしまっては、先生のメンタルがやられるだけです。

　昨年度の樋口学級をみていると、６月に入った途端子どもたちの食べる量が増えてきました。残食が減ったりもしていきました。

　そして、やってはいけないことに、残ったご飯でラップにつつんでおにぎりにしたり、塩をふったりすることも絶対にしないでおきましょう。これはアウトな指導です。しかし未だにそのような指導をされている方の話を聞くことがあります。

　たしかにそのようなことをすると子どもたちは食べるかもしれません。しかし、細心の注意を払っていても、食中毒になったらだれが責任をとるのでしょうか。何かアレルギーが発生すると、だれが責任を取るのでしょうか。

　また、毎時間必ず「アレルギー」はないか確実に確認し、対応をしておきます。命に関わることですから。

給食当番

　給食当番といっても色々な方法があります。たとえば、配膳です。自分で取りにいくのか、当番が配膳をしていくのかという2つに分かれます。学年でどうするのか、前年度はどのようにしたのかを聞き、どのようなシステムを採用するのかは決めましょう。

　また、コロナの感染予防のため、学校によって独自の対策をたてているところがありますので、確認をしておきましょう。

　私はできれば最少人数で当番は回したいと考えています。当番をサボる子がいますが、それは「一人がサボっても、当番が機能するシステムだから」です。そのため、人数を最少で取り組んでいくと、サボろうにもサボることができない環境をつくることができます。私は6～8人でグループを決めることが多いです。

　また、しっかりと食べる時間は確保したいものです。だから、給食の準備を早くする必要があります。そこで、モニターに5分のタイマーを移しておき、スタートしていきます。子どもたちは5分以内に終わらそうと必死に動きます。制限時間を見える化することはオススメです。そして、一生懸命していてもこぼしてしまうことがあります。そのときは叱るのではなく、

失敗したときには拭いたり掃除をしたりフォローをすればよい

　ということを伝えています。そして、時と場合によりますが、その子自身で掃除をさせるようにします。教師がすべてを行うということはしません。また、ふざけているときは、「きちんとしなさい！」と叱ることはあります。

朝の会・帰りの会

　ある年の樋口学級の朝の会と終わりの会を紹介します。

【朝の会】

①挨拶

②健康観察

③スピーチ

④先生からの連絡

【終わりの会】

①先生からの連絡

　朝の会や終わりの会で取り組むことが学校によっては統一されていること
もあります。確認をしてください。

　終わりの会が短いと思われたことでしょう。最近の子どもたちは放課後が
忙しいです。長々とするよりも、これくらい短くする方が、子どもたちから
も、保護者からも好評です。

早く終わると、教室に残っている子たちもいます。そういう子たちとおしゃべりをすることも楽しいです。

　終わりの会で避けたいプログラムが2つあります。

　1つ目は

1日の反省会（よいところ・悪いところ）をすること

です。よいところはまだよいのですが、悪いところとなるとだれかがみんなから責められる可能性があります。まるで、チクリ合戦のようになります。そうなっては、学級の雰囲気はギスギスしていきます。また、悪いところを言われた子は、「言われたことに納得できずに家に帰る」→「お家の人に言う」→「電話がかかってくる」というスパイラルがおきます。だから、やめた方がいいのです。子どもたちが気持ちよく帰宅をするということを目指したほうがよいです。

　2つ目は、

「今日のキラキラさん」といった今日学校生活で輝いていた人を理由とともに発表し合うこと

です。1つ目のことに比べると、よいように思うかもしれませんが、この取り組みも危険です。なぜなら、

今日のキラキラさんは特定の子になる可能性が高い

からです。最初はよかったとしても、

全然自分が選ばれない、がんばったのに選ばれない

となると不満を抱き始めます。そうなると、このプログラムに取り組むよさを子どもたちも感じなくなります。

　菊池省三氏の実践の「ほめことばシャワー」のように、全員に行うというのであれば、話は別です。

ノート指導

　教室に大型モニターが入っていれば、大型モニターを使ってのノート指導が最善です。

　子どもたちが実際に使用するノートをPDF化しておきます。そして、次の写真のようにモニターに映しながら、ノート指導をしています。

　ミニ黒板よりも、子どもたちはどこにどの文字や数字を書けばいいのかが把握しやすくなります。ミニ黒板でも指導はできますが、モニターでのノート指導をオススメします。

　１・２年生でノートを書いてきている経験があるからといってほったらかしではいけません。丁寧に指導していくことが必要です。

　３年生では、ノートを書くスピードをどんどんあげていきたいものです。そのために、どんどん書かせていきましょう。

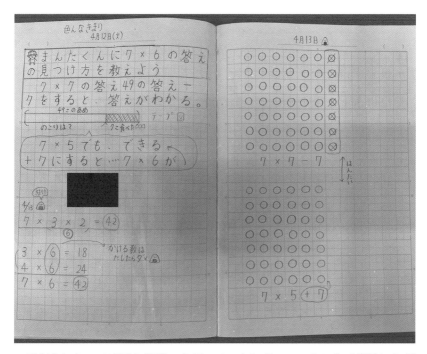

　子どもにとっては同じ学習ですが、ノートに書いていることは微妙にちがいます。その子が大切だと思ったところは、どんどん書きこませていきたいものです。そして、大型モニターで共有していきましょう。

習字

　3年生からはじまることの一つが、毛筆です。

　墨汁を使います。墨汁が服につくと、なかなかとることができません。また、わざとでなくても別の子に墨がついてしまうと大問題です。家庭連絡をする必要があります。それがその子のお気に入りの服だったりすると…。

　したがって、できる限りの対策を事前にしておきます。

　たとえば、

・習字をする日の連絡は前日に必ずする

・黒色系の服を着てくることを推奨

・汚れてもよい服を着てくることを推奨

・習字のときに着ている服の上から何か着るものを用意してもらう

などを学年で話し合っておきます。

　また、席の間隔をできる限りとっておきます。

　習字では大量の古新聞を用意しておくことも大切です。古新聞はこぼしたものをふいたり、乾かすためであったり、様々な場面で使用することができます。

古新聞を家から持ってきてもらうとき、「全員に持ってきなさい」ではなく「新聞を寄付してくれる人」などと全員ではなく寄付の形をとりましょう。なぜなら、新聞を購読していない家庭もあるからです。

なんでも家庭にあるというわけではありません。

　直前に言われて、困るという話をよく聞きます。メルカリなどをみると、急に言われて用意できないものが販売されたりもしています。また、

できる限り前から必要なものを各家庭に伝えておくと、
それだけで信頼度があがる

ように感じます。

　少し話を変えます。わたしは字が上手ではありません。自分が小学生のときは習字の授業が大嫌いでした。なぜなら、先生のお直しで一生懸命書いたものが赤だらけになるからです。

　習字はお手本どおり書くこともちろん大事です。しかし、子どもたちが一生懸命書いた字に対して、

何かほめてあげてほしい

と思っています。私は「馬」を書いたとき、下のところが「馬のように元気よく書くことができているね」と言われ、とてもうれしくなった思い出があります。

　ほかにも些細なことでも、「ここがうまいね」「ここのハネがよい！」などと少しでもほめてほしいものです。絶対にほめるところはあります。少しでもほめてもらえると、たくさんお直しがあったとしても習字が嫌いだった樋口少年のような子が減少します。

　習字が苦手な子にならないように、一人ひとりにプラスの言葉かけをしていきましょう。

方角を覚えることができる
アクティビティー

● ●

　3年生の社会で「東西南北」について学習をします。案外、東西がどちらなのか迷うものです。

　北、南、東、西について学習したあとに、取り組むアクティビティーです。このアクティビティーによって、北、南、東、西を覚えることができます。

①2人1組になります。1人は●、1人は★からスタートです。消しゴムを置くとよいでしょう。

②じゃんけんをします。
・パーで勝つと北に1マス進む
・チョキで勝つと東に1マス進む
・グーで勝つと西に1マス進む
・負けると南に1マス進む

③②を何度も繰り返します。
・相手の線に先に辿り着いた方の勝ち
　（★がスタートの人は●の上の線、●がスタートの人は★の下の線）
・横の線をこえると負け
・最初のスタート地点の上もしくは下の線を越えると負け
　（★がスタートの人1番下の線、●がスタートの人は1番上の線）

※②のルールはアレンジしていきましょう。例えば、南東などを学習したときにはそれをいれてもよいでしょう。

相手

北

西 東

勝つ ← グー
← 勝つ

パー ↑ 勝つ

チョキ → 勝つ

★ スタート

負け ↓

● スタート

南 自分

※マス上に、「1マス南にいく」といった指令マスをつくっても盛り上がる
　ことでしょう。

4月の会議を乗り切れ

　4月当初はたくさんの会議があります。何年も同じ学校にいれば、内容も
しっかりわかることでしょう。しかし、新しい学校に異動すると、似ている
こともあれば、その学校独自の文化もあったりします。私も昨年度異動しま
したが、わからないことだらけでした。新任の先生ともなれば、よりわから
ないことでしょう。

　そこで、私がしていることを紹介します。

・手帳を用意しておき、会議を聞いている中で提出期限のあるものがあれば
　すぐにメモをしておきます
・また提案者が強調すること、自分が大切だと思うことをメモしておきます

　私はこのようにして、会議の内容を裁いていくようにしています。締め切
りは遅れてはいけません。締め切りに遅れると、担当の人が困ります。案外、
締め切りを守らない人が多いように感じます。ですので、

締め切りを守るだけで、同僚からの信頼を得る

ことができます

　また、最近はデータで会議資料をみることが多くなってきましたが、それでも紙で配布されることがあります。そこで、

・職員室にある机の段の１つをプリント入れ専用にする

ということをしています。どんどんそこにプリントをいれておき、なるべく机上にはおかないようにしています（それでも私は机の上が汚いのですが…）。

　ファイルなどを用いて、より細かくに分けることも有効ですが、私はそういった分類方法が苦手です。毎年、100均でファイルを買い、４月に張り切って取り組んでいても続きません。三日坊主です。そして、ファイルに分類する時間がもったいないと感じて、私はやめたこともあります。

　そして、実際に資料などを作成するときには、自分一人でできることはどんどん進めていきます。もちろんわからないこともあることでしょう。そのため、私は、

隣をチラ見して、何をしているのかを確認

するようにします。チラ見をするのはその学校で何年も勤めている人です。チラ見をして、その人の真似をしていきます。

　また、わからないことがあれば、どんどん質問をしていきます。

わからないことを質問することが恥ずかしいのではありません。
わからないことを質問しない方が恥ずかしいのです。

　ただ、今のタイミングで質問してもよいのか配慮をしたり、どのようなことに質問をしたらいいのかわからないこともあることでしょう。

　だから、上記に書いたように、チラ見をしたり、同じ学年の先生と同じタイミングで仕事を進めていくようにすればよいです。

4月末の参観はこれ！

「今から文をいくつか書きます。ノートに書きましょう」と言い、

①今日は、ちょう早く起きた

　（すきまをあけて）

②教室からサンが見える

と書いていきます。②までくると、子どもたちは「何かおかしいのではない
か」とざわざわし始めます。子どもに聞いてみると、

　「サンって英語を入れている？」

　「サンって、太陽だよね。先生間違えているよ」

　「三のことを言っている？」

といった反応が実際の授業ではありました。

　　そこで、

③のどがかわいたので、すいをのむ

と書くと、子どもたちが気づき始めました。

　「先生わかった！　読み方を間違えているよ」

　「水はみずと読まないといけないのにすいって読んでるよ」

　「ということは②も読み方を間違えている…」

　「あ、山じゃない？」

　「山をやまと言わずにさんと言ってしまっているんだ！」

　「じゃあ、①もだよね…」

「ちょう…」

「朝だ！」

「朝をあさと読まずに、ちょうと読んでしまっているんだ！」

といったように、子どもたちはどんどん動き始めます。その姿は参観している保護者にとってもかなりプラスにうつることでしょう。

　ここで、「じゃあ、その読み方はないの？」と子どもたちをゆさぶります。すると、

　「いや、読み方はあっているよ」

　「でも、使い方がまちがっているよ」

という返事があり、読み方がいくつかあることを全体で確認し、その読み方について説明をしていくことを子どもたちに言いました。

　事前に①～⑥のスライドをつくっておきましょう。そして、そのスライドをつくりながら、音読み・訓読みについて説明をしていきます。

①　　　　　　　　　　　　　　　　　②

中国　　　　　　日本

　まずは①を提示し、「これはなんですか？」と子どもたちに聞きます。子どもたちからは「山（ヤマ）」と回答があるでしょう。

　そこで、②のスライドを提示し、「この読み方には中国と日本が関係しています」と言います。

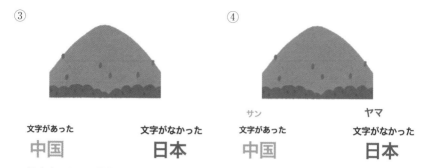

③ 文字があった 中国　文字がなかった 日本

④ （サン）文字があった 中国　（ヤマ）文字がなかった 日本

③を提示し、「昔々、日本には文字がありませんでした。でも中国には文字がありました」と言います。

④を提示し、「日本では今、みんなが言ったようにヤマと読んでいました。でも、中国ではサンと読んでいたのです」と言います。

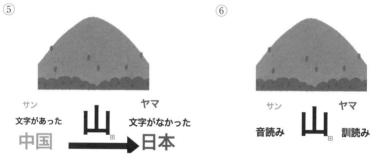

⑤ （サン）文字があった 中国　山　（ヤマ）文字がなかった 日本

⑥ （サン）音読み　山　（ヤマ）訓読み

⑤を提示し、「文字がない日本は、文字を中国から教えてもらいました。そのときに文字だけでなく、読み方も一緒についてきたのです」と言います。

⑥を提示し、「そこから、中国の読み方を音読み、日本の読み方を訓読みと読むようになったのです」と言います。

こういったことは案外保護者も忘れていたり、知らなかったりすることです。保護者のみなさんも「あーなるほど」という声があったりうなずいたりといったリアクションがあることでしょう。

この後、①〜③の音読み・訓読みの確認をします。さらに、音読みと訓読みの見つけ方を教えます。

【音読みの見つけ方】

・読み方が「ン」で終わる

・３文字の読み方のとき、２文字目が小さい「ゃ」「ゅ」「ょ」

【訓読みの見つけ方】

・読み方がわかる

・送り仮名がある

　そして、いくつかの問題を提示し、実際に音読みと訓読みについて見分けていく時間を設け、最後に答え合わせをして授業を終えます。

3章

5月に大切に
したいこと

ゴールデンウィーク明けに

　ゴールデンウィーク明けに、お休み中のことを紹介したり、クイズをしたりするといった実践をすることは

やめましょう。

　私は他にも父の日や母の日、少し先になりますが、クリスマスなどで特には何もしません。
　SNSでそういった行事をみるたびに、

配慮が足りないな…

と思ってしまいます。さらに、

保護者との信頼関係を自ら崩しているな

と思ってしまいます。私が気にしすぎなのかもしれません。もちろんこのようなことを行っても何もないかもしれません。20代の頃の私はそんなことを気にしないで行っていましたが…。

さて、みなさん理由がわかるでしょうか。

なぜなら子どもの中には、

ゴールデンウィークに外出し楽しい思い出があるとは限らない

からです。

　では、外出をしなくても家で…と思われたかもしれません。私は以前、「ゴールデンウィークのことを紹介する」取り組みをしていました。そのときに、

子ども「先生、私は外出していなくて楽しい思い出がありません」
私「別に外出していなくても、お家で楽しいことあったんじゃない？」
子ども「お父さん、ずっと仕事だったから、私はずっと家にいたの」
私「………」

ということがありました。私はなぜこのような取り組みをしたのか、その場でとても反省をしました。このようなケースがみなさんの学級にもありえるということです。

　だから、このような取り組みを翌年より行うことをやめました。上記のリスクを少しでも減らすためでもあります。

　他にも、宗教的にクリスマスがアウトな家庭もあります。父や母がいない子もいる可能性があります。クリスマスパーティーをしたいのなら、「お楽しみ会」をすればよいと思うのです。

　こういった

些細な配慮がクラスに安定を与えてくれる

と考えています。

　私が新任だった頃と比べると、子どもが傷つくリスクはさらに高まっているようにも感じます。さぁ、みなさんはそれでも行いますか？

1学期の総合的な学習の時間は 何をする？

　「1学期の総合は何にすればよいのか」よく相談をされます。総合的な学習の時間は、本来しっかりとその学校内で位置づいているはずのものです。テーマをもとに、そして各教科との関連性などを含めて考えていきたいものです。勝手にするというよりも、総合については学年でしっかりと話し合いをしてください。

　決まっていないことも多くあります。そこで、私は

・5月中旬ごろ、ここまで学習してきたことをもとに自分が調べてみたい、考えてみたい問いを決定する
・タブレット端末を使い検索をしたり、図書室から本や資料などを使い、問いについて考えていく
・考えたことをスライドにまとめていく
・発表をしていく
・フィードバックをもらう

ということを1学期に行い、2学期から本格的なスタートを切るために、1学期を準備期間としました。

　また、タブレット端末を使うことで、タブレット端末に子ども自身が慣れることもできます。さらに、タイピングの経験を積んでいくこともできます。

　そして、「課題の設定・情報を集める→情報を整理・分析する→情報をまとめ、表現する」という探究のサイクルを体験することもできます。そのため、右のような掲示物を作成し、授業で使用するようにしています。そうすることで、子どもたちも自覚することができます。

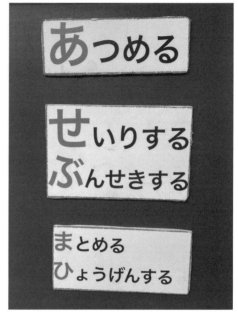

時刻と時間

　時刻と時間は、子どもたちが難しいと思う単元です。1、2年生でも学習はしてきています。

　そんな単元だからこそ、1時間目はアクティビティーを行いたいと考えています。

　今回行うアクティビティーは、「時刻と時間じゃんけん」です。ルールはアレンジをして、何度か行いました。

【ルール1】

　勝つと20分進む、負けると10分戻る

①先生と子どもたちでじゃんけんをする

　（最初は先生と1人の子どもでじゃんけんをしましたが、ルールやノートの書き方がわかったあとは、先生と子どもたち、子どもたち同士で行っていきました）

②結果をノートに表す

③隣同士で確認をする

※ノート例

①２時（何時でも構いません）

②２時20分

③２時40分

④２時30分

⑤２時50分

　何回か行っているときに、２時40分から子どもたちが勝ち20分進むことになりました。そこで、

「２時60分」になるよね

ととぼけました。子どもたちからは「おかしい」という声がたくさんでてきます。そこで、「何がおかしいのか」、「どうしたらいいのか」と問い返し、１時間は60分であることや表記の仕方の確認をしておきます。

【ルール２】

・グーで勝つと30分進む、チョキで勝つと20分進む、パーで勝つと10分進む

・負けると10分戻る

【ルール３】

・グーで勝つと30分進む、チョキで勝つと20分進む、パーで勝つと10分進む

・グーで負けると30分戻る、チョキで負けると20分戻る、パーで負けると10
　分戻る

【ルール４】

・グーで勝つと１時間進む、チョキで勝つと30分進む、パーで勝つと20分進
　む

　どこかの段階で、２時10分から20分戻るときに、

　「あれ？　10分から20分を引けないよ」

ととぽけました。そこで、2時10分からどう20分を引いたらいいのかという
ことを全体で考える時間を設けます。

　子どもたちからは
・2時10分－20分の筆算の仕方
・2時まで10分、2時からさらに10分戻して1時50分という方法について全
　体で共有をしました。共有した後は、時間の許す限りアクティビティーを
　行なっていきます。

　ルールはアレンジ可能です。子どもたちとルールを考えても盛り上がるこ
とでしょう。

　この単元は、子どもたちにとって難単元です。単元が終わり、すぐにテス
トではなく、ちがう単元に入った後も宿題などで時刻と時間のプリントを配
布し、反復練習をしたのち、テストをすることをオススメします。

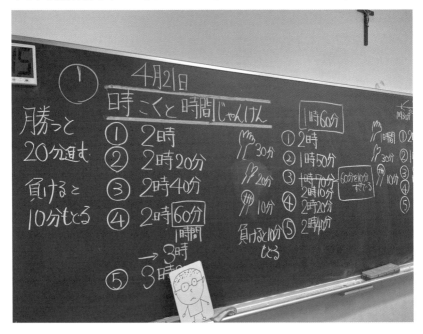

国語辞典の学習のときには

　これは、全国の3年生の担任が集まる私的なサークル「333サークル」で知り、実際に授業を行ったときにとても盛り上がりました。

　国語辞典の学習では、索引の仕方を子どもたちに教え、いくつかの単語を実際に索引していきます。しかし、索引自体の「練習」をしていきたいものです。ですが、子どもたちは索引の活動に対して乗り気になりません。

　そこで、使用したのが「コトバト」です。

（https://www.shogakukan.co.jp/pr/reikai/kotobato/）

　このルール通り行うことで、子どもたちは、ゲーム感覚でとてもアクティブに索引の活動に取り組みます。子どもたちからは「またやりた～い」というリクエストが出るほど、とてもオススメです。

≡

用意するものは、
紙と鉛筆と、国語辞典（1人1冊）

ステップ

お題を選ぶ

「お題メーカー」を使えば、
ボタンを押すと、ランダムでお題が出ます

4・5月の漢字のまとめテスト

4・5月の漢字のまとめテストは、だいたい業者のテストを使用します。そこで、1週間前にはテストをすることを予告しておきます。テスト勉強を自分でできる子はよいですが、全員が全員そういうわけではありません。ですので、

テスト対策用のプリントを用意しておく

ようにします。さらに、

4・5月の漢字のまとめテストの合格点は96点

としています。人間なのでミスはあるものです。そのため、96点とはしていますが、子どもたちは100点を取りたいと言います。100点が取れるまで何度も何度も再テストをするようにしています。子どもたちにも伝えますが、

成績にいれるのはこういった漢字のまとめテストのみ

です。普段している小テストは成績には入れません。普段のテストで点数が取れなくても、このまとめテストで点数をとることができればよいとも伝えています。

ただ、普段のテストはドリルにそのまま載っています。だから、「小テストは必ず100点を取って！」と厳しいことを言うこともあります。100点を取ることができるボーナステストです。100点を取れていないときには、その子と学習する方法について話し合うこともするようにしています。「ただ、勉強しなさい！」と言うだけでは、何も解決しません。

オリジナル地図記号をつくろう

社会科で地図記号を学習した後に、地図記号について慣れ親しむために取り組むネタです。学習した地図記号以外でオリジナルの地図記号、もしくは学校内でオリジナルの地図記号をつくるという取り組みです。

ただ単に地図記号のイラストを描くのではなく、

・**どうしてこのイラストなのか**

・**これを選んだ理由**

などを書くようにします。

タブレット端末上で行ってもよし、紙で行なってもよしです。紙で行なったときには、そのまま掲示をすれば、参観前の掲示になります。

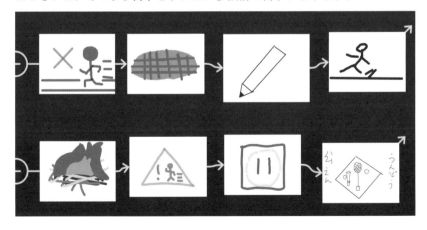

失敗させよう！

　子どもが成長するには失敗も必要です。

　失敗をすることで、

・**次はどうしたらいいのか**

・**今回はどんなことで失敗したのか**

ということを考える機会になります。子どもに失敗をさせないということは、上記の経験を積まないことになります。だから、どんどん失敗をしていく必要があります。3年生で、もう失敗をおそれている子は少なくありません。

　そして、その失敗を4・5月でどんどん起こってほしいと思っています。失敗をみんなで考えることで、学級づくりにもつながります。

　この4・5月で、たくさんの失敗をすることで、

・**失敗をすることはこわくない**

・**どんどん新たなこと、苦手なことに取り組んでいこう**

というメッセージを子どもたちに伝えることもできます。

ただ、失敗に対して先生のフォローが必要なときもあります。常に口出すことも問題ですが、常に見守っておくことも問題です。常に見守るだけということは、指導の放棄と言われても仕方がありません。

　失敗をしたときに、その子が困らないようにしないといけません。

　場面によっては失敗できないときもあります。そのときは失敗をしないようにフォローをすることも大切です。

　先生の失敗をみせることも大事です。このように書くと、わざと失敗をしようと読み取ってしまうかもしれませんが、ちがいます。先生が失敗をしたときには、隠すことなく見せればいい、のです。先生も一人の人間です。完璧な存在ではありません。

　失敗は、ベテラン、若手関係なくだれもがすることです。私の昨年度の失敗は、４月に検尿のシールを配布し忘れたことです。このときもきちんと管理職に報告をしました。シールでしたので、次の日に配布することでなんとかなりました。

　次の日、連絡帳で「シールが…」「うちの子が忘れてしまったので…」という連絡がたくさんきました。

　連絡帳一つひとつに、

「私が配布し忘れていました。申し訳ありませんでした」

と書き、子どもたちにも

「先生が配るの忘れていました。ごめんね。家でお家の人に叱られたという話も聞きました。先生が悪いので、先生のせいにしてください」と言いました。

　前回３年生を担任したときには、検尿のキットすべてを配布するのを忘れ、各家庭に放課後配りにいきました…。

　失敗を恐れない！　失敗をしたときにはその後を大切にすることで、なんとかなることが多いです。

学級のシステムを見直す

　5月終わりにしたいことがあります。それは、学級のシステムを見直すということです。

　学級のシステムとは、4月に決めた係、給食当番などのことです。学級のルールを見直してもよいことでしょう。

　4月当初は、がんばって取り組んでいた係活動も継続して熱心にする子もいれば、しない子もでてきているのではないでしょうか。

　「○○さんがしていません！」と真面目に取り組んでいる子が言いにきて、先生がその子に「ちゃんとしなさい」と叱る。数日は続くものの、また…という負のスパイラルになってしまいます。

　ここでも発想の転換をしてみましょう。機能していない係活動は、

学級にとって必要のない係

なのかもしれません。であれば、そんな係などなくしたらいいのです。

　そういったことも含めて、

子どもたちとよりよい係活動になるように
学級会などで話し合う機会

を設けます。どんな係が新たに必要なのか、どの係は必要ではないのかなどを話し合います。

　他にも給食当番や掃除当番についても話し合います。給食当番や掃除当番のシステムは4月に先生が作成したことでしょう。もしかしたら、教師が思っていることと子どもの思っていることにズレがあるかもしれません。

子どもがよいと思えるシステムを
子どもたちにつくってもらう

ということをすればいいのです。そうすることによって、子どもたちも自分ごとのように、取り組むことでしょう。3年生で十分につくることができます。

　4月当初に決めたシステムやルールはどちらかといえば、教師発信です。教師の割合が大きいということです。それは、子どもたち自身でつくり直していくことで、子どもの割合を増やしていくというイメージです。これこそが、

子どもに任せていく

ということだと考えています。子どもに任せるとは、子どもを自由にさせることではありません（自由を、なんでもしてもよいと勘違いしている子どもは多くいます）。しっかりと、

先生のもと、先生の指示がなくても、自分たちで考え、
失敗をしてもいいので実行する。
さらには、発展的に考える。
失敗したときには先生が責任をもつ、フォローをする。

ということが「任せる」ことだと考えています。

比較する対象は

　図工の時間で、子どもたちは「担任の先生の似顔絵を描こう」という課題に取り組んでいました。その様子を写真で撮ろうと、図工室に行ったとき、下のような下書きをしていました。

　私が図工室をウロウロしていると、「オラウータンを描いてしまった」と言っていた子もいました。「なんでやねん」と私がツッコミをいれ、笑っている子もいました。数週間後、授業を見に行きました。「担任の先生の似顔絵」が完成間近でした。そのときの子どもたちの作品をみて、「よく描けたね〜」「最初と全然ちがうね！」などと

心の底から子どもたちの作品をすごい

と思い、言葉に表しました。

以前の私は心の底からは言えていませんでした。子どもたちは、「あ、先生本音で言っていないな」「またそんなこと言って…」などのようにうわべだけ言っていることに気がつきます。

　なぜ、うわべだけのことしか言えていなかったのか。それは、
隣のクラスの作品に比べると
・同僚からどのようなことを言われるのか…
・保護者にどう思われるのか…
といったように、

人からの評価を気にしすぎていた

のです。でも、今はちがいます。前のページを見てもわかるように子どもたちの最初の似顔絵と完成間近の似顔絵では全然ちがいます。とても上手になっています。というように、

その子の過去と現在を比較する

ようになったのです。人からの評価は気になります。でも、そんなことより大切なのがその子自身を対象にすることです。

　これは新出漢字の指導の場面でも同様です。新出漢字では、字の丁寧さも見ている先生は多いことでしょう。私もそうです。以前の私は、
　「全員が同じ基準での字の丁寧さ」を求めていました。そのため、ノートが真っ赤になる子も少なくありませんでした。しかし、上記のように「その子の過去に書いた字の丁寧さと今とを比較する」ように私自身の意識を変えました。すると、以前は「もっと丁寧に書きなさい」と言っていましたが、一般的には丁寧な字でなくても、昨日よりもその子なりの努力があったときには、「昨日よりも丁寧に書けているね」というように言葉が変わったのです。

　このように言われることで、この子は次の日も丁寧にがんばるといった姿がありました。結果的に、1年後には字がかなり丁寧に書けるようになりました。教師の意識が変わると、言動も変わります。

学習規律

　ここ最近、学習規律という言葉をよく聞くようになりました。私はどちらかといえば、学習規律にゆるい人です。そして

学校でガチガチにたくさんつくる必要がない

と思っています。学校によっては、たくさんの学習規律がある学校もありますが、窮屈に感じる子やその子の特質上どうしても守ることができない子もいるからです。そして、先生自身もその学習規律に違和感をもちつつも、厳しく指導をしてしまっているというような現状があるのではないでしょうか。

学習規律が学習鬼律

のようになっているということです。きっと学習規律が厳しい学校は、子どもが安心をして学習をすることができるように設定をしたはずです。それがいつのまにか…。だからといって、学習規律がなくてよいとは思っていません。

・授業開始には準備を終えておく
・必要なものをしっかり用意しておく

など学習に臨むにあたって、大切なことを守るためのルールは必要です。過度な規律は必要ないと思っています。規律が0だと、それは無秩序な空間になり、学級崩壊まっしぐらなことでしょう。

　学習規律を見直すことができるのであれば、

その学習規律で我々大人が行うときにどう思うのか

といった視点で考えてみるといいかもしれません。

4章

トラブル対応

申し送り

　4月には、前年度の申し送りの時間があります。実は私は前担任が言われたことをそのまま受け取らないようにしています。

　たとえば、次のようなことを言われたとしましょう。

・**保護者が神経質**

・**うるさい、騒がしい**

・**こだわりが強い**

・**かしこい**

　この「保護者が神経質」というと、何か細かいところまでチェックされるのかというマイナスなイメージをもってしまいます。

　「うるさい、騒がしい」というと、授業を妨げるのではないかというマイナスなイメージをもってしまいます。

　「こだわりが強い」というと、自分のしたいことに取り組み、みんなで取り組まないといけないことをしないのではないかとマイナスなイメージをもちます。

「かしこい」というと、優等生というプラスなイメージをもってしまいます。

はたして、そうでしょうか。

「保護者が神経質」ということは、子どものことをよく見てくれている。教師が気づいていないことを教えてくれるかもしれません。

「うるさい、騒がしい」ということは、それだけ表現力、発表力があるということです。発表場面でどんどん活躍することができるでしょう。

「こだわりが強い」ということは、だれよりも集中して取り組んだり、探究したりすることでしょう。

この3点はマイナスな面に聞こえてきたことが、実はプラス面の可能性もあるということです。

「かしこい」の場合は逆です。かしこいというと、教師にとって、「都合のよい子」の可能性があります。先生の指示にすぐに従う子、なんでも率先して取り組むといった子どもたちです。

こういった子たちは、「かしこい」子を演じている可能性があります。そのため、どこかで爆発してしまい、トラブルを一番起こしてしまう可能性があります。

最初から、この子は○○、保護者は○○と認知をしてしまうと、うまくはいかないということです。だからといって、すべてが参考にならないというわけではありません。

我々教師には多面的に考える力が求められる

のです（多面的とはサイコロのそれぞれの面を思い出してみてください。一つのサイコロでも面をかえると、ちがうように見えるということです）。

先日、運転免許更新のときに、認知→判断→操作の話をききました。そのとき、これって交通事故の話だけでなく、学級経営においても同様のことがいえるなと思いました。事故が起こるミスは、認知、判断、操作のどれが1番多いでしょうか。それは、

認知＜判断＜操作

の順番です。

・認知ミスは思い込みや見通しなどが要因になります。
・判断ミスは認知した結果に基づいて、どのように行動するべきかを選択ミスすることが要因になります。
・操作ミスは認知と判断に基づいて、具体的な操作を失敗することが要因になります。

　かしこい＝優等生、うるさい・騒がしい＝劣等生と認知してしまうと、正しい判断をすることができず、具体的な操作（行動）もできないということです。

　正直な話、20代の頃の私はできていませんでした。だからこそ、多面的に考えることができるように、その子の情報を集める必要があります。情報を集めることで、ちがう見方をすることができるかもしれません。

　4月の終わりや5月のはじめに行われることが多い家庭訪問で、お家の人から家での様子を聞くことも大切です。そこで学校とはちがった様子を聞くことでもその子の見方が拡がっていくことでしょう。

　2年間学校で過ごしてきた子どもたち。どんなことをすれば先生が喜ぶのかということがわかっているかもしれません。また自分がどのように見られているのかということもわかっている子もいるかもしれません。

　とにかく、この子は〇〇といった決めつけはやめましょう。

叱ってはだめ？

「子どもたちがしてしまったことに対して、叱ってはダメですか？？」という悩みも最近よく聞きます。私は、

「子どもがやってしまったことは仕方ない」

と考えています。ですが、やってしまったことに対して「ごまかすこと」に対して私は一番厳しいです。「ごまかすな！」と厳しく言います。やってしまったのであれば、

これから先にどのようなことをしたらいいのか

ということを考え、実行することが何より大事です。みんなの前で叱るのか、呼び出して叱るのか、それを判断する必要があります。このことを他の人に知られてはこの子にとってのマイナスになるときは、全体で叱ることは避けた方がよいです。ただし、安全面に関わることは即時にその場で言う必要があります。大声で叱ってもかまいません。それによって、「その子の言動がよい方向に向かう」のであればかまいません。大声で叱ることがまったくダメということではありません。自分が言われてどうだったのか、そんなことを基準にしてもいいかもしれません。私は自分が小学生のときによく叱られていた子でした。中には理不尽と思うようなこともたくさんありました。それでは相手には伝わりません。「言ってやった」「ちゃんと直せよ」といった

教師の優越感があるような叱り方

では２年間、小学校生活を送ってきた子どもたちには伝わりません。相手にとって、どういえば成長につながるのか、そんなことを考えましょう。

安全面には厳しく

ある週の樋口学級の子どもたちの様子です。

①いつも授業開始で準備ができていない子たち

②ノートを見ようとしたらノートを見せてくれなかった

③ノートを投げられた

④給食中、紙飛行機を投げて遊んでいる子がいた

⑤体育で作戦タイム中に鉄棒をした子がいた

⑥ぶつかったけど、謝ることをしなかった

⑦授業で答えをすぐに言う子

⑧すぐにマイナスなことを言う子

さて、この中で一番私が大きな声で注意をしていたのはどの様子だったでしょうか。全部！？　いえいえ、ちがいます。正解は「⑤体育で作戦タイム中に鉄棒をした子がいた」でした。なぜ、これを叱ったのか、理由は

「安全面」

です。作戦タイム中に鉄棒をする必要はありません。本人は、さりげなくしたことかもしれませんが、それが怪我のもとです。自分から安全を放棄するようなことをしてはいけません。だから、厳しく言いました。

　私は安全面や相手のことを傷つけるようなことには厳しく言います。一生懸命にした失敗に対しては厳しく言いません。ですが、この安全面が崩れてしまうと、その先には崩壊が待っています。また、子どもたちが安全に過ごすことができる空間にはなりません。3年生にもなれば、何が安全で危険なのかということも自分で気づくことができます。

電話対応

・・・・・・・・・・・・・・・・・・・

　私はいまだに保護者に電話をすることが緊張します。以前は保護者のみなさんは、私より年上でした。今は私より年下の方もいますが、それでも緊張します。電話をかける前に、

・何をどのような順番で話をするのか
・もし○○を言われたときには、△△を言おう

ということを計画してから電話をするようにしています。もし思いつかないときには近くの先輩にアドバイスをもらいましょう。

　トラブルのときは先手必勝です。トラブルの内容がうまく伝わらないときがあります。だから、子どもよりも先にこちらが説明することでうまくいくこともあります。

　喧嘩腰で保護者と電話をしている先生をみかけるときもあります。また、友だちかと思わせるような言葉遣いをしている先生もみかけるときもあります。134ページで、メラビアンの法則について書いていますが、喧嘩腰の聴覚情報、友だち感覚の言葉遣いの聴覚情報ではまとまる話もまとまりません。

　基本的には、相手の話を聞き、共感するようにします。相手の話を遮り、こちらが話をすることはしません。

　電話ではどうしても伝わらないときは来校してもらい、対面で話をすることがあってもいいでしょう。そのときは管理職や学年主任に伝えておきましょう。

　怪我をしたときは、連絡帳で済ますのではなく、どのような怪我でも家庭に電話を入れておくことをオススメします。私は連絡帳でも書いておきます。

トラブル

みなさん、トラブルは好きですか？

「え！？」「どういうこと？」「好きな人いるの？」と思われたことでしょう。もちろん、ぼくはトラブルが嫌いです。トラブルによって、だれかが傷ついたり、場の雰囲気が悪くなったり、予定していたことができなかったりします。

1章の「3年生ってどんな子ども？」ではトラブルが多く起きますと書きました。残念ながらトラブルは起き、その対応は必ずしないといけないのです。

でも、トラブルが起きない方法はあります。知りたいですか？　それは、

子どもたちを徹底的に管理する

ということです。学校生活でも管理をして、授業でも管理して、遊びでも管理をして…。え！？　と思われたかもしれませんが、どんなことも管理をするのです。そうすると、トラブルはほとんど起きません。教師の顔色を伺うばかりの子どもたちになってしまいますが…。

また、トラブルが起こっても見て見ぬ振りをするのです（子どもたちの成長につながるように戦略的に見て見ぬ振りすることは別ですが…）。トラブルの解決もごめんね、いいよで済ませるのです。保護者からクレームが来ても、鋼のハートをもって対応をしてください。

　と書いてきましたが、こんな学級嫌ですね。何が楽しいのでしょうか。私は絶対嫌ですね。上記のようなことをするのであれば、トラブルが起こる方がよいです。

トラブルは起こるものだよ。
トラブルはみんなを成長させてくれるよ

と子どもたちに宣言をしてもよいことでしょう。宣言をしただけで終わりでは信頼をどんどん失っていきますが、真摯に一つひとつに対応していけば、子どもたちはより成長をします。

　そして、拙著「これから教壇に立つあなたに伝えたいこと」（東洋館出版社）でも書きましたが、どんなに有名な実践家であっても、学級経営の達人であっても、経験年数がとてもある方でもその

学級におけるトラブルは必ずある

ということを自分に言い聞かすようにしています。

　さらに、

今、自分が悩んでいることは日本全国の3年生の担任の先生たちもみんな悩んでいるんだ！　だから、日本全国の3年生の担任の先生みんなで乗り越えていくんだ！

このように思うと、何か気持ちが楽になりませんか。私は気持ちが楽になります。

　共にみんなでがんばっていきましょう。

トラブルが起きたときには

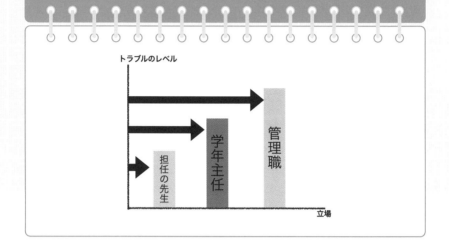

　自分が失敗したことを学年主任や管理職の先生に言うことはなんだか恥ずかしいことです。もしかしたら、叱られるかもしれません。

　だから、言うのを躊躇するということはあると思います。でも、これだけは言いたい、

勇気を出して言いましょう！
どんな小さなことでも、自分になにかひっかかりが
あるときは言いましょう！

　そこに遠慮は必要ありません。小さなことであれば、そこですぐに話が終わります。そこに見栄などは何もいりません。叱られることは叱られましょう。ダメなことはダメと言われましょう。これはきっと教育界の話ではなく、どの業界でも言えることです。

　なぜすぐに言ったほうがいいのか。最初に言わずに後から出てきたときの話は、

だいたい話がややこしくなっているケースがほとんど

だからです。これは経験談です。

　話がややこしくなっているため、学年主任が登場してもどうにもならずに、管理職に任せてしまうことになります。だから、「報告・連絡・相談」をしましょう。「報告・連絡・相談」をすることによって、

一緒に考えてもらうことができる

一緒に何かをフォローしてもらえる

一緒に責任をとってもらえる

ということになります。特に３つ目が魅力的だと思いませんか。抱え込みすぎると、やはりメンタルがやられてしまいます。トラブルの中には自分一人では解決できないこともあります。

　左の表は、トラブルのレベルによっては担任を超えてしまうことがあることを示しています。その場合次は学年主任、それでもだめなら管理職といったようにいくつもの防波堤をつくるイメージです。このように計画的に、戦略的に、組織的に取り組んでいくことが大切です。そうすることによって、自分自身のダメージが減っていきます。

　しっかりと報告・連絡・相談をすることは、

自分自身を守る

　ことにつながります。どうか、一人で抱え込みすぎないように。愚痴でもいいので、学年の先生や同僚にどんどん話を聞いてもらいましょう。愚痴をSNSに書き込むより、はるかにスッキリするはずです。

トラブルを活かす

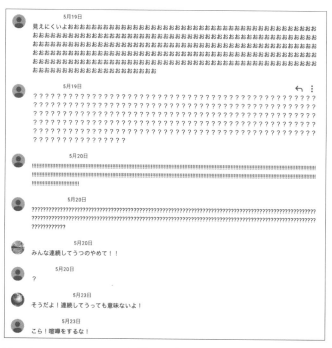

> **5月19日**
> 見えにくいよおお
>
> **5月19日**
> ？？？
>
> **5月20日**
> !!!
> !!!!!!!!!!!!!!!!!!!!
>
> **5月20日**
> ？？
> ？？？？？？？？？？？
>
> **5月20日**
> みんな連続してうつのやめて！！
>
> **5月20日**
> ？
>
> **5月23日**
> そうだよ！連続してうっても意味ないよ！
>
> **5月23日**
> こら！喧嘩をするな！

　ある日、classroomのコメント欄が上記のようになっていました。いわゆる「荒れて」いました。みなさんならどうしますか。

　私の場合は、

みんなどうしたらよいと思う？
相手を意識しながら、考えよう

と話し合う場を設けました。

　すぐに、「こんな書き込みをするんじゃない！」と叱ったり、「コメント閉

鎖」とすることは簡単です。だからといって、解決するわけではありません。

　子どもたちは、

・**どのようなコメントをしたらいいのかわからない**
・**次からどうすればよいのかわからない**

という状態になり、また同じことが繰り返し起こる可能性もあります。そのようにならないために、自分ごととして考えていく必要があります。そのために、話し合う場を設けます。

　話し合うことで、自分ごとの話題となります。

　もちろん、なりすましや不正ログインなどの悪質なこと、悪質な書き込みなどは話し合いをせずに、厳しく指導します。トラブルを活かしている場合ではありません。厳しく、アウトということを教えないといけません。

　授業中にタブレット端末を使うと授業と関係のないことをする子がいます。そういった場合は、何かちがうことをしているという負のオーラが出ています。表情や言動がいつもとはちがいます。ちがうことをしていれば、気づくことができます。

　そのときは、「関係のないことをしない」と言ったり、その子をみつめたり、その子の近くに行ったりします。すると、怪しい言動があることでしょう。

　でも、そのようになってしまうのは、その子の問題もありますが、授業自体に問題がある場合もあります。子どもたちが考えてみたい課題になっているのか、授業展開になっているのか、再考する必要もあります。

トラブルの火種を
事前につぶしておく

トラブルが多く起こるということは前述した通りです。

そのトラブルを未然に防いでおくことも、ある程度できると考えています。

3年生の子どもたちは悪気もなくしてしまうことが多いです。それが、大きなトラブルへと発展していってしまうケースが多くあります。そこで、私は次のような内容を子どもたちに話します。

①人のものを触る

珍しい、新しいものがあると、ついつい触ってみたくなります。もし、触ったものが壊れていたとします。その子が壊していなくても、周りは最後に触っていた子が壊したと思ってしまうのは当然のことです。

②何かを交換する・あげる

折り紙や鉛筆などを交換したり、あげたりしてしまう子に出会うことがあります。そもそも、折り紙や鉛筆はその子のものではありません。保護者が買ってくれたものです。労働をして得たお金で購入されたものです。だから、

普通に考えると、交換をしたり、あげたりするということは言語道断なのです。

　仲よく交換をしたり、あげたりしていたとしても、実は心の中では納得していなかったということもあります。

　交換したもの・あげたものを元の所有者に戻すということは難しいです。これでトラブルになったときには、なかなか解決しません。

③人のものを借りる・貸す

　人のものを借りるということは基本的に避けたいです。借りたものを悪気がなくてもなくしたりすると大問題です。だから、忘れ物をしたときには、教師があらかじめ用意したものを渡しておくとよいでしょう。もし教師のものがなくなったとしても、どうにかなります。

　貸す側にも、

貸すということはもう元には戻ってこない
もし、なくしても文句を言わない覚悟があるのか

という話をします。絵の具を貸したとき、相手はその絵の具を使うというわけです。どう考えても、元の状態では戻ってこないのです。そのつもりでも貸すのなら、オッケーということです。文句を言ったらダメということです。

　なかには、本当は貸すのが嫌だったけど友だちだから貸すといった場合のときもあります。そう思う人を友だちではないだろうと思うのですが、このような場合も増えています。要注意です。

④トラブルベスト３を伝える

　拙著「GIGA School時代の学級づくり」（東洋館出版社）でも書きましたが、３年生以上を担任をしたときに、必ず言うことがあります。

「ねぇ、トラブルになる理由、
ベスト３があるんだけど、みんな知っている？

１．コソコソ話をする

２．噂話・内緒話をする

３．紙やタブレットに悪口を書く

の３つです。先生のこれまでの担任の経験から
はっきり言えます！」

　このベスト３は私の経験則からのベスト３です。特に順番に意味はありません。順番もそのときクラスで起きている、起こりそうなトラブルをベスト１にもってくることもあります。

　また、①〜④に関して話をしたときに、
「トラブルを起こしたい、クラスの雰囲気を
悪くしたいのなら今後も続けなさい。
その結果、あなたの周りから友だちがいなくなる。
そうなってからのフォローはもうできない」
と伝えるようにしています。
　これは大人の世界でも同じではないでしょうか。マイナスなことをする人とできたら付き合いたくないものです。そこで避けていることを意地悪とは言えないと思っています。
　ビジネスであったり、一緒にしないといけない仕事があったりするので付き合うのです。そういった場で避けると、相手が意地悪と思ってしまっても仕方がありません。

また、こういったトラブルが4・5月に起こったときには、

「現段階でもまだフォローはできる。

でも、今後も続けたのなら

その結果、あなたの周りから友達がいなくなる。

そうなってからのフォローはもうできない」

ということも言うようにしています。

正しく喧嘩をする

私はよく子どもたちに

「喧嘩したら？　先生みておくから」

ということがあります。え！？　と思われたかもしれませんが、

正しく喧嘩をさせる

ことが大切ではないかと考えています。もちろん、殴り合いを推奨している
わけではありません。暴言などを推奨しているわけでもありません。私がこ
のように言うのは、

自分が思っていることをしっかりと相手に伝える

ということを行ってほしいため、私は上記のようなことを言います。

　怒ったこと、むかついたことを直接本人に言えていないことも多いです。

　一人ひとりしっかりと話をしてもらうことで、相手がどんなことで傷つい
たのか、嫌な思いをしたのかということをお互いに知ってほしいのです。

　もちろん、お互いに話をしてヒートアップしたときには「ちょっと言いす
ぎ！」とストップさせます。

　相手のことを知らないと、納得することができません。トラブルを解決す
るためには、時間がかかるかもしれませんが、しっかりと対話をしていく必
要があります。

　前述の通り、ごめんね・いいよはもう3年生にとってはベストな話し合い
の方法ではないのです。

ありがとう・ごめんね

　先生が「ごめんなさい」と言うと、格が下がってしまう。言い続けると、子どもの方が上、先生が下という構図になってしまう。だから、「ありがとう」をたくさん使いましょう。ということを昔、先輩に言われたことがあります。1〜6年目のときの私はよく「ごめんなさい」という言葉を使用していました。子どもたちに「◯◯してください」という言い方にも似ている話です（ただ、◯◯してくださいという言い方には違和感があります。だからといって、◯◯しろ！と常に命令口調なのもおかしな話です。◯◯しましょう、◯◯しようといった言葉尻が適切でしょう）。

　私は結構「ありがとう」と言うタイプです。打算的に言っているわけではありません。消しゴムを拾ってくれた、何かお手伝いをしてくれたことに、

心の底から言っている言葉

です。前述のように、うわべだけの言葉では子どもたちは見抜きます。

　上記のように、先輩に言われて私は子どもたちに「ごめんなさい」と言わなくなった時期があります。でも、

・**私が失敗したとき**

・**無理にさせているとき**

などの場面で心の底から言える言葉を考えたときには、「ごめんなさい」と言うしかないときもあります。無理にちがう言葉に置き換えたり、ごめんさいと言わなかったりしたほうが、子どもたちにとって誤魔化しを感じるような気がします。3年生はもう見破りますよ。

さりげない一言

　子どもたちは悪気もなくいったさりげない一言が相手を傷つけてしまうことが多くあります。だから、そのような一言は言わない方がよいということを子どもたちに教える必要があります。いくつかの場面を紹介します。

【身体計測】「身長は何cm」「体重は何キロだった」

→人にそういったことは聞かないほうがいい。大人でもそう。嫌な思いをする子もいるからね。

【テスト返却】「100点取れた！　やった〜」「ねぇねぇ、何点？」

→100点取れて喜ぶ気持ちはわかるよ。だけど、悔しい思いをしている子もいることは忘れないでね。

→点数を聞かれて嫌な子がいます。そもそも、テストは自分ができているかどうかを調べるためのもの。人と比較する必要はありません。

【席替え】「〇〇さんの隣だった。やったー」

→「〇〇さんの隣だった。やったー」と喜ぶのは失礼。ちがう子だと、やったーじゃないということでしょ。人を嫌な思いにさせちゃうよ。

【授業中】「やりたくない〜」「めんどくさい〜」

→あなたがそのように思うことは自由です。別に構いません。でも、一生懸命に取り組んでいる子もいます。その子たちのモチベーションを下げるようなことはしないでほしい。

物が壊れていた

　物が壊れていたときには、保護者にも必ず連絡をいれるようにします。わざとではなく壊してしまった場合は、「ちゃんと正直に言えば、大丈夫だよ」と子どもたちには伝えています。

　友だちの物を壊すというのは、また話は別です。

　「物を壊した子はだれだ？」と全体の場で犯人探しをすることはやめましょう。大体、そういう場合、犯人は出てきません。「物を壊している様子を見た、なにか不信な行動を見た人は後で言いに来てほしい」と子どもたちには告げます。

　特定の子だとわかったときには、個別に話をしていくことが大切です。

　どうしても壊した子がわからない場合には、人の物を壊すことは犯罪であることを伝えます。そして、人の物は触らない、休み時間のときには整理整頓をしておくということを徹底して伝えていきます。

　人の物をその人自身が壊したわけでなくても、直前まで触っていたのであれば、「あの子が壊した！」と疑われても仕方がありません。

　誰もいないときには教室にカギを閉めたり、教室に一人でいさせなかったりといった工夫も場合によっては必要です。

　壊れた物は無理に直そうとせず、そのままおいておきます。直そうとして、より壊してしまったという話も聞いたことがあります。

すぐに手が出る子

　暴力はダメなことです。暴力を肯定することはありません。

　ただ、

・自分の考えをうまく伝えることができずに手が出てしまっている

・自分のことを誤解されている

といった理由もあるかもしれないことを忘れてはいけません。こういうこと
は大人であれば理解できますが、同い年の子たちには無理なことでしょう。

　だから、手を出すことはダメだと毅然とした態度をとりつつ、その要因に
ついて本人としっかりと話し合いをしていきましょう。

　ただ、話し合いをしてもすぐには直りません。長期的な目でみていきましょ
う。

落書きをした子

　落書きをした子がわかった場合には、なぜ落書きをしたのか、その理由を聞いていきます。そして、その落書きを自分で消させるようにしていきます。

　ただ、落書きをした子がわからないことがあります。そんなときは、全体の場で、

　「落書きをすることは軽犯罪です」

　という話をします。そして、

　「落書きをしたことがばれなくてよかったというような人にはならないでください。そんなずるい人間にはならないでください」

　と私は言うようにしています。

　落書きする子は過去にしいたことがあるかもしれません。またそれは、何かのメッセージなのかもしれません。

告げ口をしにくる子

　先生に告げ口をしにくる子がいることでしょう。この告げ口をしにくる子は色々な見方ができます。

　たとえば、

- 自分がしていることを認めてほしい
- かまってほしい
- だれかを叱ってほしい

などが考えられます。その都度、こちらの対応を変えないといけません。

　また、その場でその子自身が対応すればよいということもあります。そんなときは、「〜という行動をすればいいんだよ」とどのように行動をすればいいのか教えることも大切です。

物がなくなります

物隠しが起こるということはよく聞きます。物隠しは愉快犯、いじめ、仕返し、承認欲求などで起こります。

物を隠そうとする子には、

- 負のオーラが出ています
- 挙動不審になります
- いつもとちがう行動をとります
- 早めに教室に帰ったり、一人になりたがろうとします
- みんなでなくなった物を探したとき、見つけることがあります

「もし物隠しをしていることが他の子に知られたとき、周りからの信頼はなくなるよ。信頼がなくなると、一緒に遊んでくれなくなったりするよ」と言います。これは子どもへの脅しではなく、事実なのです。事実は知っておかないといけません。

物を隠したのはこの子ではないかと薄々気づくこともあります。そのときに危険なのはこの子が隠したと決めつけることです。そうではないということもありえます。決めつけると、その子が犯人のように話を進めてしまう可能性があるため、決めつけは危険です。

物がなくなることを予防するために、

- 人のものは触らない
- 机の上は何もおかずに教室移動をしたり、外に遊びに行ったりしない

といったこともしておきます。また、みんなで物を探すのは、「間違えて入っている可能性」もあるからと言って探すとよいでしょう。

5章

タブレット端末を
使った実践

タブレット端末をどんどん使おう

「若いからタブレット端末を使うことが得意だよね〜」

と言われることがありますが、そんなことはありません。スマホは得意でも、タブレット端末とはわけがちがいます。

私が若手のころから、「若いからWordやExcelを使えるよね〜」と言われてきました。だから、時代は繰り返されるということです。

自分は苦手だから使わないという発想ではなく、

失敗してもよいからタブレット端末を使っていこう

という姿勢でいてほしいものです。

そして、何よりタブレット端末を使っているだけで、

「先生！ タブレットを使っている！」

と子どもたちから尊敬のまなざしです。

初任の先生は、タブレット端末をどのように使ったらいいのか迷うことで

しょう。だから、最初は「検索」をする、一日のふりかえりを「タイピング」をしたり、写真を「撮る」といった比較的取り組みやすいことから始めましょう。現在、様々なタブレット端末実践はでてきています。そういった実践の追試をすることもよいことでしょう。

　3年生では国語でローマ字を学習します。そのため、タイピングの時間を適宜取り、タイピングを行っていきましょう。理科や社会も始まります。これまで以上に使用することが増えることでしょう。うまくいかないこともあるかもしれません。でもそういったことを恐れずにどんどん取り組んでいきましょう。まだ本書の4・5月では経験を積んでいる段階でスムーズに使えない子もいるかもしれません。でも、辛抱してください。ここでの経験が6月以降に子どもたちがスムーズに使っていくための礎になってきます。

　トラブルは残念ながら起こります。そういったトラブルに一つずつ真摯に対応していく必要があります。これは、タブレット端末だからではなくトラブルに対して言えることです。ただ、事前に「人のアカウントで入らない」「人に自分のアカウントやパスワードを教えない」などのモラル面についてはしっかりと子どもたちに伝えておく必要があります。それでもトラブルは起こります。トラブルが起こったときには本書でも紹介しているように、クラスみんなで考えていくという機会を設けてもよいことでしょう。クラスみんなが気持ちよく取り組めていけるように、ルールをつくっていってもいいでしょう。

毎日の連絡はclassroomで

　毎朝、classroomで子どもたちへの1日の予定などの連絡を投稿するようにしています。だから、子どもたちは登校したら、Chrome Bookを保管庫から取り出し、私からの連絡をみるようにしています。

　これで、子どもたちは1日の見通しをもって過ごすことができます。なんだか、サラリーマンみたいです。でも、これからの時代はこのような姿になっていくのでしょう。

　実はこの取り組みは子どもたちだけでなく、私にもメリットがあります。それは確実に連絡を伝えることができるということです。口頭だと聞いてない場合もあります。でも、書き込むとその場では聞き逃していたとしても、パソコンを開くたびに先生からの連絡をみることができます。

　Classroomは予約投稿ができます。だから、私はその週分の予約投稿を事前につくっておき、朝礼や終礼で子どもたちに伝えておきたいことや、連絡があるごとに書き込むようにしています。これで、伝え忘れがありません。

 樋口万太郎
4月22日

【4月22日（金）】

①習字道具ありますか？
　（習字道具は服の上のところに入れておきましょう。帽子はランドセルのところに）

②5時間目に聴力検査があります

③今日はそうじです。

④月曜日、クラス写真を撮ります。今回は、全員が揃っていなくても撮ります。

⑤月曜日、教室に大きいモニターが入っていますが、あまり触らないでくださいね。

　他の先生からほめられたことをみんなに伝えることや私からのメッセージを書いておくこともあります。

樋口万太郎
5月20日

5月20日

8時25分から朝礼

昨日、算数でみんなが教科書の考えをわかるために、説明しあっているすがたがとてもステキでした。
そのときに
自分のノート
ジャムボード
ホワイトボード
を使いながら説明するとさらにステキです。
今日もこういった活動をします。
<u>わからない子、座っている子がいたときにはサポートすることもステキな姿</u>です。

今日はみんなどんな姿をみせてくれるかな？

考えがわかる＝人にせつめいすることができる
話を聞く＝聞いた話をさいげんできる
ということだと考えています。

　きちんと全員が読んでいるとは限りません。でも、少しでもだれかにメッセージが届けばよいと思い、書いています。

　また、子どもたちが確認をしているのかをチェックするために、「コメントに１と書いてください」「好きな食べ物を書いてください」といったことを書いている日もありました。

樋口万太郎
5月19日

5月１9日

・今日は写真があります。
・今日は社会のテストです
・火曜日、校長先生とお客さんが授業にみにこられたことを覚えていますか？
　そのお客さんが、「子どもたちの反応、つぶやきがとてもすばらしかった」とお話をしてくれていたようです。
　とてもうれしいことです。みんなの反応力が育ってきているということですね。
　来週はふせんを復活し、反応力をより育てていきましょう！！！

自己紹介

4月の1、2週目で子どもたちは自己紹介をすることが多いことでしょう。タブレット端末もあります。そこで、タブレット端末を使った自己紹介をしていきたいものです。

何かを提示しながら、プレゼンのように自己紹介をさせるというよりも、

どのようなスピーチをしようか考えたり、
頭の中を整理したりする

ために使います。

まずは子どもたちに、スピーチの型について知らせます。以下が、子どもたちに示した型です。

【じこしょうかいスピーチをしよう】

わたしの名前は（　　　　　　）です。

（　　　）つ好きな（　　　　　）があります。

1つ目は、（　　　　）です。

なぜなら〜

2つ目は、（　　　　）です。

なぜなら〜

3つ目〜

なぜなら〜

以上が私の好きな（　　　　）です。

1年間よろしくお願いします。

　好きなものを紹介するスピーチです。型は、

説明文の総括型

を意識しています。

　次に以下のような型を子どもたちに渡し、まずはこの型に自分が何を言おうか整理をしていきます。カードは増やしてもオッケーにしていました。手書きでもタイピングでも構いません。子どもたち自身に選択させます。

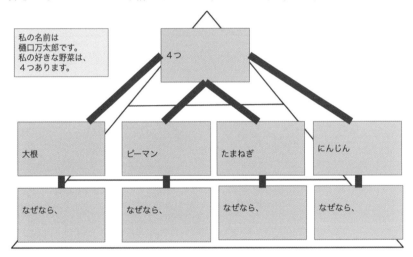

　具体例は最低3つということにしました。

　この型を完成したら、どの順で言うのかをカードを動かしながら、考えていきます。

　実際の自己紹介では、完成した型を大型モニターに映しながら、自己紹介をしていくようにしました。

　その自己紹介を受けて、質問タイムを設けてもよいでしょう。

　最終的にはスピーチは型を提示するのではなく、自分のスピーチしやすいようにしてくれて構いません。しかし、最初は型が必要です。慣れてくるとどんどん任せていきましょう。

企画書

● ● ● ● ● ● ● ● ● ● ● ● ● ● ●

きかくしょ

きかくめい

何をするのか

クラスにどんないいことがあるのか

メンバー

　樋口学級では、何かイベントを行いたいとき、自分たちで企画・立案をするようにしています。自分たちでプロデュースというわけです。そのときに使うのが、上の企画書です。

　企画書にしっかり書き込み、私に提出という形をとっています。企画書はよっぽどのことがない限り、オッケーにしています。

　また、「イベントをする人たちが楽しむ場ではなく、みんなを楽しませる場にしてね」と子どもたちに言うこともあります。

1週間のふりかえり、
来週の目標立て

金曜日の6時間目に、

- 1週間のふりかえり
- 来週1週間で取り組む達成できそうでできない目標を立てる

ということを行っていました。

　達成できそうでできないというところがポイントです。すぐに達成できる目標でもいけません。少しの努力が必要ということです。これは蓑手章吾先生「自由進度学習のはじめかた」（学陽書房）をもとに取り組んだ実践です。

	来週の達成できそうでできない目標	達成度	振り返り
4月18日	朝みんなぜんいんに、あいさつする。	4	やろうとしていたけど、まだ来てない子が多いから、きてるこにあいさつした。
4月25日	人の話を最後まで聞く。	5	前は、自分が話したくて人のはなしは聞けなかったけど、人のはなしがなになのかしりたくなるときけた！！
5月6日	いろんな子のいいとこを見つけ出す。	5	発表していること最後まで先生の話を最後まで聞いてる子が多かった。
5月13日	友達ともっともっともっともっと仲良くなる。	5	物を拾ってあげたりすると、知らないことしゃべれた！
5月20日	ゆうわくにおちいらない。		

　上の画像は、Google spreadシートで作成したものです。

　達成度を1〜5で表記し、ふりかえりを書き、新たな目標を立てるといった流れです。

　このように一覧にしておくことで、自分がどのような目標を立ててきたのか、またその流れも自分自身で知ることができます。

　目標は今週のものを継続でもよいし、新規であってもよいというようにしていました。

自分のペースでプリント学習

　4・5月のときに、プリント学習に取り組む時間を設けます。この時間は、先生がプリントを配布し、全員が同じ時間で取り組むのではなく、

自分でプリントを選択し、取り組むという時間

にします。田中光夫先生の実践を参考にしました。

　そのため、子どもによって取り組むプリントの量は異なります。この取り組みは子どもたちの実態に応じて取り組むことができます。

　丸つけは先生がしてもよいし、答えを教室に貼っておき、自分で採点ができるようにもしました。数問先生が採点をして、残りは自分で採点するといった方法でもよいでしょう。

　どのようなプリントをとればよいのか、子どもたちが判断できるように以下のような情報を子どもたちに流しておきます。

 樋口万太郎
5月6日
【算数プリントバイキング】

自分が学習したいプリントを取って、取り組もう！
来週テストをします。

～メニュー表～
時こくと時間①・・・○分前、○分後の時こく、分→秒などの変身問題

時こくと時間②・・・○分前、○分後の時こく、分→秒などの変身問題

時こくと時間③・・・時間の単位、○分後の時こく、時間をもとめよう

時こくと時間④・・・○分後の時こく、時間をもとめよう

時こくと時間⑤・・・応用問題

このとき、黒板には1～5で区分けしたものを書いておき、「今、自分はどのプリントに取り組んでいるのか」を可視化するようにしておきます。ジャムボードで取り組むこともできます。

また、この時間は友だちと話し合ってもよいということにしています。授業最後には、以下のようなGoogle formで自分が取り組んだプリントを自己申告するようにしました。

出席番号をおしえてください *

選択 ▼

取り組んだプリントをチエックしよう！ *

☐ 1
☐ 2
☐ 3
☐ 4
☐ 5

送信　　　　　　　　　　　　　　　フォームをクリア

国語科「きつつきの商売」の ゴール問題

国語科「きつつきの商売」では、単元最後に

> 朝起きると、あなたは動物の○○になり、きつつきの商売の世界にやっ
> てきていました。さて、あなたならどんなお店の名前、メニューでお店
> をしますか。理由とともに書きましょう。

といったゴール問題を提示しました。

　ゴール問題とは、単元で学習してきたことをフル活用して考えていく問題
のことです（算数のゴール問題は次節をご覧ください）。

きつつきの商売　ゴール問題 ⋮

樋口万太郎・4月14日

100 点

朝起きると、あなたは動物の○○になり、きつつきの商売の世界にやってきていました。
さて、あなたならどんなお店の名前、メニューでお店をしますか。
理由とともに書きましょう。

> 🗒 ルーブリック：条件 3 個・7 ポイント

> きつつきの商売
> Google ドキュメント

　これがclassroomで提示したものです。

　このゴール問題のルーブリックとして、次のページのようなものを子ども
たちもみることができるようにしておきました。

きつつきの商売　ゴール問題

お店の名前

2 ポイント	1 ポイント
動物と関連している名前である	動物と関連していない名前である

メニュー

2 ポイント	1 ポイント
動物とメニューが関連づいている	動物とメニューが関連づいていない

理由

3 ポイント	2 ポイント	1 ポイント
店の名前とメニューの説明がある	店の名前、メニューのどちらかしかない	店の名前、メニューの説明のどちらもない

4月の当初は、タイピングのスピードに差があります。

そこで、この課題に限りませんが、

タイピングで提出、

ノートに書いてそれを写真に取り提出

のどちらでもよいということにしていました。これは3年生の最後まで続けていました。

紙に書く方が自分の思考を整理しやすい

子もいることでしょう。自分で選択することができるようにしておきました。これは6年生でも同様のことを行っています。

　タイピングスキルが未熟のため、あまりにも学習の妨げになってしまっては逆効果です。あくまでタブレット端末は思考を促進するものでないといけません。とはいっても、まだまだ慣れていないうちは妨げになってしまうこ

ともあるのですが…。

動物　ライオン（メス）
お店の名前　肉屋
メニュー　シマウマの肉
　　　　　牛肉
　　　　　キリンの肉
理由
　１お店の名前
　なぜならライオンのメスは肉を捕まえるのが得意だからです。
　２メニュー
　なぜならライオンの住んでいるところには、
　牛の仲間やシマウマやきりんはいるのでのせているけど、
　鶏や豚はいないからのせていないです。

算数「かけ算」のゴール問題

【ゴール問題】

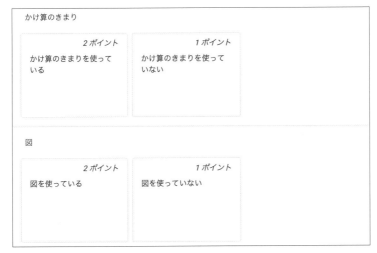

 九九表

期限なし

【ゴール問題】
12×4の計算の仕方をかけ算のきまりや図を使って説明することができる

【ルーブリック】

かけ算のきまり

2 ポイント	1 ポイント
かけ算のきまりを使っている	かけ算のきまりを使っていない

図

2 ポイント	1 ポイント
図を使っている	図を使っていない

　これまでにこの単元で学習してきたことを使って考えます。12×4の計算ができればよいというわけではありません。12を10と2、6と6といったように分けて考えていきます。そして、図や言葉や式を使って説明をしていきます。

フラッシュカードが便利

授業の冒頭5分で、フラッシュカードを使って、

地図記号や九九の復習

をします。

　私はデータで作成することをオススメします。モニターに映し出し、取り組んでいきます。

　地図記号だと以下のようにつくっておきます。つくることに時間はかかりますが、一度つくると自分の財産になります。順番を並び替えると、何度でも使うことができます。データでつくっておくと来年度以降も紙とはちがい、劣化することなく使用することができます。

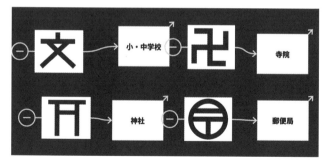

　先生だけがつくるのではなく、子どもたちがフラッシュカードをつくるという取り組みを行ってもよいでしょう。タブレット端末に慣れるということもできます。

　そのときは、1枚目問題、2枚目答えというルールを伝えておきます。自分たちで作成したフラッシュカードをお互いに取り組むという時間を設けることも有効です。

6章

ミニトーク

席替え

子どもたちにとって「席替え」は一大イベントです。最近は、視力の関係で、座席を前にしないといけない子が増えているように感じます。そのため、席替えはしたけれど、目新しさのない前の方になってしまうこともあります。

席替えは戦略的に行う

ことをオススメします。避けたい席替えの方法は、「くじを引いてその通り」です。また、最初のうちは先生が決めることです。しかし、子どもたちは先生が決める席替えをとても嫌がります。

そこで、私はあみだくじを使います。
①あみだくじを用意する（番号が書いているところは破いておく）
②そこに子どもたちが名前を記入していく
という流れです。でも、実は下には番号は一切書いていません。そして、あたかもあみだくじの結果のように座席を発表していくのです。案外、子どもたちにはばれません。

友だち関係といったことを中心に席替えは決めていきますが、どこかの段階では、少し関係が気になるけれど近くの席にしようと座席を配置することもあります。常に、仲がよい子だけの関係だと成長しないと感じるからです。

また、代表の子ども同士で席を決めるという実践をみかけることがありますが、私は絶対にしません。なぜなら、この子は○○な子というマイナスなラベル貼りを子どもがしてしまう可能性があるからです。それでは学級内にカーストができてしまいます。

そして、この子の横には○○といった固定的な席配置はしません。

実際に出した学級通信

　昨年度、実際に発行した学級通信を次のページから紹介します。

　私はこれまで毎日学級通信を発行しているタイプでした。しかし、学年の先生と相談をして、週に1回発行することになりました。

　大切なことは発行し続けるということです。週に1回であればそれを守りたいものですが、様々な事情で出せないときもあることでしょう。だから、出せないときは出せなくても構いません。ただ、1ヶ月空いたりすることは避けたいものです。

　学級通信を出さないということも選択肢の一つです。学級通信を出さずに、その分を子どもたちと触れ合うのもいいことでしょう。ただ、保護者は我が子の学校の様子について知りたいものです。学級懇談会や個人懇談会のときにたくさん子どもの話をすることができればよいでしょう。

　以前は
・学級の課題
・もっとがんばらないといけないこと
など、すごく熱血な情報ばかりを書いていました。そのような学級通信を書

いているときに、

「先生の熱意はわかります。でも、読んでいてしんどくなります」と言われたことがあります。

上記のことを書いてはダメというわけではありません。ただ、保護者は学校の様子をすべて知っているわけではありません。その文章によって、何か誤解を与えないか、よく検討しないといけません。

そういった意味でも発行前には必ず第三者に確認してもらうとよいでしょう。

4月13日　NO1

SMILE

子どもたちと出会って早1週間

今週水曜日に子どもたちと出会い、もうすぐ1週間が経とうとしています。初日には私の名前「樋口万太郎」や児童証明書を漢字で連絡帳に書くことに挑戦しようとしたり、2日目には友だちが困っているときにはさりげなくサポートしてくれたりと、今週月曜日には「私、ミニ先生する！」と積極的に動いてくれたりと、たくさんのステキな姿を発見することができました。先制と子どもたちの縦のつながりだけでなく、子どもたち同士の横のつながりをしっかり作り、つながりを織りなしていこうと思います。

不定期になりますが、学級通信も発行していきます。学級通信では日頃の学校の様子を伝えていきます。

学級通信にタイトルを「Smile」と名付けました。これは、教室に子どもの笑顔があふれるように！という私の思いがあるからです。

2日目には、教科書に載っている詩を使い、音読を行いました。自分の番が来た時に立って音読し、それ以外のときは座っておくという音読の活動の様子です。この活動でもたくさんの子どもたちの笑顔をみることができました。また、理科では黒板に自分の考えを書いたり、視点をもって観察をしているときに笑顔になっていたりと、すでにたくさんの笑顔が溢れています。

このように子どもたちの笑顔が溢れるように取り組んでいきますので、1年間よろしくお願いします。

【子どもたちによく聞かれたことをまとめました】
名前・・・樋口万太郎　（私が調べたところ、万太郎という名前のつく方は日本で6人しかいません。）
誕生日・・・2月14日
（最高、60個）
好きな動物・・・犬、猫（チワワ2匹が家にいます。）

SMILE

学級委員を決めました。

　先日、学級委員を決めました。8人の子どもたちが立候補してくれました。それぞれが学級委員への意気込みを語り、投票を行いました。学級委員は各学級2人です。ということは、今回は6人の子どもたちが学級委員になることはできないということです。できるならば、立候補した子たち全員が学級委員になってほしいと思いましたが、そういうわけにはいきません。

　子どもたちには

・8人も立候補してくれたことが頼もしく思う
・学級委員だからみんなを引っ張っていく、サポートするのではなく、これまで通りにいつでもサポートをしていってほしい
・遠足や合宿などの活動でどんどんみんなをサポートをしてほしい

という話をしました。

　また、意気込みの中で多くの子どもが「もっと楽しいクラスにしていきたい」と語ってくれていました。もっと楽しいクラスにしていくために、子どもたちと様々なことに取り組んでいこうと思います。

子どもと子どもがつながるために

　子どもたち同士がつながるために、お互いのことをしらないといけません。そこで、総合の時間にはまずピラミッドチャートを使い、自分がどのような好きな〇〇を話したいのか整理をしたあと、全体の場でスピーチをするようにしました。

　そして、普段の授業の中では、自分の考えをノートにかいたあとは立ち歩き、自分の考えについて伝え、相手からサインをもらうということもしています。自分にはなかった考え方を知ったときには、「あ〜、そういうことか」という声も聞こえてきます。最初は、特定の子たちと話をする子も多かったですが、徐々に色々な子と交流するようになってきています。

子どもの写真	子どもの写真	子どもの写真

　学級通信には、写真を必ず入れています。その方が内容が伝わるからです。私は授業中に写真を撮るのは、このシーンがとてもステキだと思ったからです。

　写真をたくさん撮っておき、選択するときに授業のふりかえりができるため一石二鳥です。

　配布は、私は紙とデジタル配信にすることが多いです。紙を配布し、子どもたちの反応をみたいからです。デジタル配信だけになっても、まずは子どもたちの反応をみます。

音読

● ●

　音読は土居正博先生の「クラス全員のやる気が高まる! 音読指導法 ―学習活動アイデア＆指導技術」明治図書出版（2021）を参考に、物語文では**見開き1ページをおよそ1分で音読をする**ということを子どもたちに伝えています。1ページ1分は量が多いのではないかと思われたかもしれませんが、大丈夫です。

> 　1分よりも早い40秒だと、「、」「。」を意識することができていない可能性があります。1分より遅いともっと早く読めるように練習をしないといけません

ということを私は子どもたちに言っています。音読ではまず、

・正確、間違えず・スピード

ということを大切にしています。いきなり、朗読をしようとしたり、朗読ばかりしようとする先生に出会うことがありますが、私たちは役者を育てようとしているのではありません。

　教室では大型モニターにタイマーを映しながら取り組みます。各家庭ではストップウォッチを持ちながら、音読の練習をしている子もいたようです。練習を重ねると、できるようになります。努力をすることで、成功体験を積み重ねていくことができます。この成功体験を積み重ねることができるということも実は、この取り組みの裏テーマでもあります。

　説明文では、**「アナウンサーのようにかまずに読む」**ということを子どもたちに伝えています。

怪我対応

　子どもは怪我をするものです。仕方がないことです。だから、怪我をしたときに、先生がどのような対応をとるのかが大切になってきます。

どんな些細な怪我でも「大丈夫？」とたずねる

ことはまず大前提となります。またその後も何回か（帰る前は必ず）大丈夫か尋ねると、「先生、私のことを見てくれているんだ」「心配をしてくれるんだ」と思うことでしょう。そして、難しいことですが、

子どもの大丈夫を信用し過ぎない

ことが大切です。子どもは大丈夫と言っているけど、どう見ても大丈夫でないときには、すぐに保健室に連れていくようにします。

　様子見をするときもあることでしょう。そのときには、「今よりも状態が悪くなったらすぐに言ってね」という約束を子どもとするようにしています。昔は、「唾をつけとけば治る」と私が小学生のとき、担任の先生に言われたことがあります。子どもが怪我をしたと言ってきたときには、「それくらい大丈夫だよ！」と言うのではなく、

どんな怪我でも「大丈夫？」と聞く

ことが大切です。帰宅後病院に行くと大きな怪我をしていた…。そうなると、お怒りの電話がかかってくるのは当たり前です。

　この怪我は保健室に行かせた方がいいのか迷うのであれば、

保健室に行かせるということが大切です。

掲示物の賞味期限

　これは4月下旬の私の教室です。掲示物が何もありません。掲示物を貼り
たくないから、このようにしているわけではなく、貼るものがないためこの
ような状況になっています。数日後、習字の作品ができましたので、習字フ
ォルダーをつけ、作品をいれるようになりました。

　タブレット端末を使うことで、掲示する量は減っていきますが、ゼロには
なりません。

　私は掲示物を掲示するときは、「だれか、手伝ってくれない〜」と子ども
たちに声をかけるようにしています。手伝ってくれた子とおしゃべりをしな
がらするようにします。

　場合によっては、だれもお手伝いをしてくれないときもあります。そんな
ときは、一人寂しくするようにしています。決して、強要はしません。

　次のページの写真は、イースターの卵の掲示物です。2日後がイースター
の日であったため、子どもたちはイースターの日に持ち帰りたいと言いまし

た。そこで、次の日は掲示し、2日後にすべて取り外し、子どもたちに持ち帰らせるようにしました。子どもたちは1日で他の子たちの作品を見ていました。

掲示するのは何のためでしょうか。参観授業で来られる保護者のためでしょうか。私は、

作品を交流するため

だと考えています。他の子の作品をみることで、普段話をしてこなかった子とのコミュニケーションのきっかけになるかもしれません。

このように、時と場面によって、すぐに掲示物を外すこともあれば、ある一定期間は掲示をするということもあります。

貼るものがあるのであれば、どんどん貼り替えていきます。私は

掲示物には掲示期限がある

と考えています。賞味期限のようなものです。子どもたちが作品をみなくなったときは提示期限が切れたということです。できたら、そのタイミングで掲示物を取り替えたいものです。

とはいっても忙しくて、なかなかできないこともあることでしょう。だから、2、3週間に1回をめどに変えていくのもオススメです。

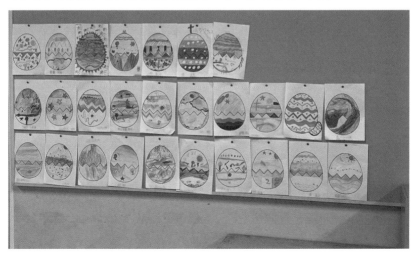

聞く姿勢

先生や友だちの話を聞く場面があります。その聞く場面では、

・だらっとしている子

・ぼっとしている子

・うつらうつら眠そうな子

・ノートを書いている子

・真剣な顔つきで聞いている子

などのように色々な姿を子どもたちは見せてくれます。このなかで、1番聞く姿勢ができているのはなんでしょうか。「真剣な顔つきで聞いている子」と思われた方がほとんどではないでしょうか。え？　本当ですか？　心の中では、ちがうことを想像しているかもしれませんよ。もしかしたら、ぼっとしている子が1番しっかり聞いているかもしれません。つまり、何がいいたいのかいえば、

見た目でだまされるな

ということです。その子が本当に聞いているかどうかは、その子にしかわからないのです。私は、

「聞いている」ということは
聞いたことを再現できること

というように定義をしています。そのため、聞く場面の後、「ペアで聞いたことを再現する場」を取り入れるようにしています。

だから、聞いたことを再現することができれば、どのような姿でも構わないということです。

参観授業前にすること

　参観授業前日に、子どもたちに言うことがあります。

　それは、

・机の中をきれいにしよう

・ロッカーをきれいにしよう

ということです。

　参観前ということで教室の環境を整備することも目的ですが、それ以上の目的もあります。それは、

家庭で叱られることを防ぐ

という目的です。参観授業後に、保護者は我が子の机の中やロッカーが整理整頓されているのかをチェックされている方が時々います。チェックされる子は、おそらく家でも整理整頓ができていなくて、叱られることが多い子でしょう。だから、教室の中で整理整頓ができていないと、家で叱られることになります。それを防ぐために言うのです。

　このようなことを言うと、「先生、それって反則じゃないの？」と子どもたちに言われることがあります。「でも、叱られることは避けたいじゃん」と私は言うようにしています。

　また、参観授業のときは、子どもたちが緊張をして、手が挙がらないことがあります。そういったときには、

　「大丈夫。普段のがんばりは先生知っているから、個人懇談などでしっかりお家の人に伝えるよ」と子どもたちに言っています。

連絡帳

1、2年生のころには連絡帳を毎日チェックしていたところも多いことでしょう。3年生になり、そのチェックをなくすのか、継続するのか学年間で統一しておきましょう。

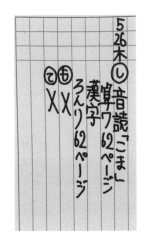

個人的には、一定期間はチェックをしておき、どこかの段階でチェックをしなくなるといった段階を経ることをオススメします。

連絡帳は、終わりの会では基本的には書きません。連絡帳を書くことに時間差が生まれます。それによって、教室が騒がしくなったり、帰る時間が遅くなってしまいます。

だから、スキマ時間に書くようにしています。私は朝のモジュールの後にある5分くらいのスキマ時間で書くようにしています。

右上のように私はタブレット端末上で書き、教室の前にあるモニターに映し出すようにしています。Ⓛは宿題、Ⓜは持ち物、Ⓣは手紙を表しています。

タブレット端末上で書いているため、そのデータを一人ひとりに送ることもできます。そのため、もしその時間帯に書き終えることができなくても、ちがうときに書くことができます。また欠席している子に、データ送信することもできます。

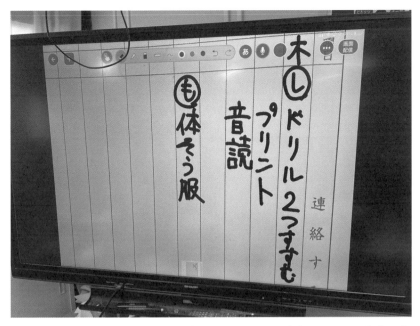

　また、画面を共有しておけば、自分のタブレット端末上でみることもできます。

　データを送信しているため、朝の時間に諸事情で書くことができなかった子でも、自分のタイミングで、自分のスキマ時間で書くことができるのは、これまでにできなかった大きなメリットといえるでしょう。

板書は丁寧に書こう

メラビアンの法則を知っていますか。

メラビアンの法則とは、心理学名誉教授であるアルバート・メラビアンが提唱したコミュニケーションの概念です。

人と人とがコミュニケーションをとる際に、

・視覚情報…55%

・聴覚情報…38%

・言語情報… 7 %

と言われています。

教室内における子どもたちの言語情報には、黒板の文字も含まれているでしょう。黒板の文字を丁寧に書こうとしていますか？　ということです。「黒板の文字を丁寧に書かなくてもいいじゃん」と言われる方に出会うことがあります。実は、以前私も同様に思っていました。しかし、はっきり言えば保護者ウケがとても悪いです。適当な字を書いている先生に字の指導をされたくないと子どもも思うかもしれません。つまり、

黒板が丁寧な字でないとデメリットしかない

のです。それによって、自分の評価を自分自身で落としていることになります。

逆に、

黒板が丁寧な字だとデメリットはない

のです。ただ、字が汚いと自覚されている方がいるでしょう。私もそんなに上手な方ではありません。だから、きれいにとは言っていません。

文字を大きく、トメ・ハネに力を入れ、ゆっくりと丁寧に書くということを日々続けていくのです。私は低学年を担任したときに努力しました。その結果、上手な字を書くことができなくても、

その先生の取り組む姿を見て、子どもたちは

マイナスなことを抱くことはない

でしょう。言語情報の7％をあなどってはいけません。

　視覚情報が55％もあります。清潔感のある身なりをしていますか？　体育のときはジャージ、普段の授業のときはいつもの服装といったように切り替えていますか。子どもたちは結構、

先生のファッションチェック

をしています。
　気になるのは、「プライベートか！？」と思わせるような服装の方に出会うこともあります。また、いつまでもボロボロの靴を履いたりしていませんか。
　授業参観のときだけにスーツ姿だと、「先生はお家の人がいるから、いつもとちがう姿をしているのかな…」とマイナスな印象をもたせてしまうかもしれません。

　聴覚情報だと、気になるのが「言葉遣い」です。「お前」「馬鹿」「あほ」などの言葉遣いをしている先生にも出会ったことがあります。
　そこまでの言葉遣いをしていなくても、子どもはあなたの友だちではありません。
　子どもはたしかに自分より年下で未熟な存在かもしれません。しかし、一人の人です。人として、どのような言葉遣いをしたらよいのかを考えてみてください。
　些細なことと思われるかもしれませんが、その些細なことが積み重なり、大きな穴へとなっていってしまうのです。

授業づくり

　毎日、授業で勝負したいところですが、本音では…といったところでしょうか。

　そんなときは、指導書を参考にしたりするだけでなく、東洋館出版社が出版している

「板書で見る全単元の授業のすべて 国語 小学校3年上」

「板書で見る全単元・全時間の授業のすべて 算数 小学校3年上」

　（ちなみに下の方は私も書いています）

などの板書シリーズを参考にするとよいことでしょう。他にもワークシート集など参考になる教育書はたくさんあります。

　ただ、5分前にこういった本をみて、今日の授業はこれでいこう！　と決めるのではなく、できれば、

事前に単元単位で自分の学級に合うように調整

をしてください。実態に応じては、活動を削ったり、追加したりしてください。前日に授業を考えるのではなく、単元単位で授業をつくっていきましょう。少し長く時間をとれるときに、単元ごとに作成していきます。そうすることで、先生自身もゆとりをもって取り組むことができます。

　できれば、一教科は力を入れる教科をつくってください。私の場合は算数です。どのような教科でも構いません。この教科は、先生が力を入れていると子ども自身も気づくでしょうし、何より楽しむことでしょう。一教科でも楽しいと思った子どもたちは他の教科も楽しいと思う子は多いです。

話や指示を聞けずに
準備が遅れがちな子

　話や指示を聞けずに準備が遅れがちな子に、ついイライラしてしまいませんか。話や指示を聞けずに準備が遅れがちな子を注意し続けると、教室の雰囲気が悪くなってしまいます。

　だからといって、話や指示を聞かないことを叱らなくてよいというわけではありません。

　ときには、その子が困らない程度にほったらかしにして、その子自身が焦るという経験をさせることも大切です。自分自身で気づくことで、改善していく可能性があるからです。ただ、遅れたことがある場合は後でフォローはしておきます。

　話や指示を聞けるようにするには、どうしたらいいのかということを子どもと考えてもよいのかもしれません。

同じ子ばかりが手を挙げる

　「同じ子ばかりが手を挙げることが気になります」という悩みをよく聞きます。どうしても気になりますよね。私もそうでした。

　これは、手を挙げている子を指名することで起こる現象です。手を挙げている子が発表することで、手を挙げていない子たちが、

「あ！　私たち、手を挙げなくても授業が進んでいく」

と思わせてしまっているのです。

　だから、手を挙げてなくてもあてるとか、ペア活動やグループ活動で自分の考えを表現する場をつくっていけばいいのです。

　先生が指名をするのではなく、子どもたち同士で指名する「相互指名」を取り入れると、挙手をする回数が増えるかもしれません。

やる気もなく、
取り組まない子がいる

　問題が難しくてやる気をなくしている子、どうせこんなことに取り組んでいても…と無気力な子など、やる気がないといっても様々なパターンが考えられます。だからこそ、

前年度はどうだったのか情報を探る

必要があります。もしかしたら、こういうときには○○を取り組んでいたという情報があるはずです。そういった情報を手がかりに「この子はどっち作戦」を考えていきましょう。

　ただし忘れてはいけないのが長期的にみるということです。すぐに解決ができるということではありません。すぐに解決を求めてはいけません。そうすることによって子どもたちに負担がかかります。

筆圧が弱い

　筆圧が弱い子に出会うことがあります。そのため、２Ｂの鉛筆で書いている子がいますが、これではいつまでも筆圧が弱いままです。

　私はこういった子には、あえて

下敷きを入れずに字を書きなさい

と指導するようにしています。下敷きをいれずに、

裏地に字のあとがでるくらいは力を入れなさい

と指導するのです。このように言うことで、子どもたち自身もどれくらい力をいれたらいいのかがわかります。

　これができるようになってから、私は下敷きを再度いれるように指示をし、「これまでのように力を入れて書くんだよ」と指導するようにしています。

スキマ時間

・・・・・・・・・・・・・・・・・・・・・・・・・

　プリントに取り組んだときや、新出漢字を行ったときなど、どうしても個人差が生まれます。個人差に悩まれる先生は多いです。でも、個人差はなくなりません。だからこそ、そのときのスキマ時間を有効に使いたいものです。樋口学級では、スキマ時間には、

・タイピング
・読書
・漢字ドリルについているQRコードを読み取りデジタルドリル
・計算ドリルについているQRコードを読み取りデジタルドリル
　（AI型ドリルがあればAI型ドリル）
※計算ドリルにQRコードがついていないこともあります
などを取り組むようにしています。

　ただし、漢字を学習しているときには「漢字ドリル」についているQRコードを読み取りデジタルドリルをさせるようにします。

　漢字の学習をしているときはみんな漢字、計算のときはみんな計算といったように、

それぞれの内容はちがっていても、それぞれのペースがちがっていても、「同じことはしておいてほしい」

という願いがあります。

　このようにすることで退屈にしている暇がなくなります。子どもたちはゲームをしているかのように、タブレットを使って課題にアクティブに取り組んでいきます。

こういう姿をほめよう

　子どもたちのステキな姿はどんどんほめていき、子どもたちの行動を、

・価値づける

・方向づける

・意味づける

ということを特に4月はしていきたいものです。ここまでに書いていますが、打算的にほめる必要はありません。

　特に私は「意味づける」ということを意識しています。3年生の子どもたちは、無意識で行動をしていることがあります。たとえば、

・さりげなく落ちているものを拾っている

・何も言わなくても、だれかのサポートをする

・わからないことはわからないと言える

・目立たないけれど一生懸命に取り組んでいる

などです。そのようなときに、

「○○さん、さりげなく拾うとこナイス！」

「「○○さん、サポートステキ！」

「○○さん、わからないことをみんなの前で言えるということ、とてもステキです。みんなの前で言うことって、勇気がいるんだよ」

「一生懸命に取り組んでいるのステキ！」

といったように、さりげなく全体の場で言うようにしています。一言でも構いません。

全体で言うと、それを真似する子たちがいます。先生にほめられたいと思っている子たちです。もちろんその子たちもほめますが、それよりもオリジナルで動いている子たちをほめていきたいものです。

どのようなことをほめたらよいか迷う方もいるかもしれません。でも、子どもたちの言動を見て、あなた自身がステキだなと思ったことを言ってください。どうしても私たちはマイナスなところに視点がいきがちです。最初はこういったプラスなことを見つけづらいかもしれません。でも、見つけようと意識することがまた自分自身の指導力を鍛えてくれることになります。

また、さりげなく「○○さん、さっきのとてもよかったよ」ということをその子に伝えるということもあります。

このように細かなことをほめることで、子どもたちは

先生は私を見てくれている

と思ってくれることでしょう。そのことで、安心感も生まれてきます。

ほめるだけでなく、

「さっきのことはそんなに気にしなくても大丈夫だよ」

「さっきのは失敗したかもしれないけれど、その調子で！」

といったように一言さりげなく励ますことも効果的です。

こういう姿をほめよう〜学習面

　前のページでは、ほめることについて書きましたが、学習面でもどんどん子どもたちをほめていきたいものです。

　私は子どもが以下のような姿のときには重点的にほめるようにしています。

①既習を使う姿

②絵や図に表す姿

③問いを発見する姿

④ふりかえる姿

⑤置き換える姿

⑥比較する姿

⑦分類・整理する姿

⑧統合する姿

⑨多様な考えを考える姿

⑩実際に確かめる姿

⑪きまりを見つける姿

⑫いつでも使えると考える姿

⑬わからないと言える姿

　私は算数を研究科目にしているため、算数でよく使用する言葉が多いように思いますが、他教科でも十分に使えることだと思います。

　では、どのような言葉が上記の子どもの姿に該当するのか。また、私がどのように言っているかを紹介していきます。

① 「前の学習で学習したことが使えそう」「ノートを見てもいい？」
　これは既習を使う姿です。

> めっちゃステキな姿！　算数って、前に学習したことを使って考える教科なの。それができているって、めっちゃステキなんだよ。みんなも真似をしていこう。

② 「先生、図を書いてもいい？」
　これは絵や図に表す姿です。

> ・わからないときに絵や図を使うことはとても有効なことなんだよ。いいね！
> ・みんなに説明するときに絵や図を使うと、相手に自分の考えが伝わりやすくなるよ。どんどん使っていこう。

③ 「え！？　どういうこと？」「考えてみたい」
　これは問いを発見する姿です。

> ・考えてみたいって言える（つぶやく）ことができるのはとてもステキなことです。
> ・考えてみたいということを問いと言うんだよ。
> ・みんなの中から出てきた問いを考えるのって楽しいよね。
> ・問いを見つけたらどんどん教えてね。

④ 「この前の学習だと…」「今日の授業では…」
　これはふりかえる姿です。

- 前の時間の学習をふりかえっているね。ふりかえったことを使おうとするのはとてもステキ。
- 今日の授業では…と言った子たちは1時間の授業をふりかえることができているってことだよ。ふりかえってみて、今日の授業で大切なことってなんだった？

⑤「これって、○○じゃない？」「これって式で言うと」

これは置き換える姿です。

- 置き換えることはとても大切なことですよ！
- そうそう、○○（教科）の言葉や知っている言葉に置き換えていこう！

⑥「AとBを比べると…」

これは比較する姿です

比較しているのいいねぇ！！　比較をして、共通点やちがう点を探してごらん。そこからわかることはなにかな？

⑦「これとこれは似ているかな～」「わけたい～」

これは分類・整理する姿です。

- みんな分類・整理しようとしているんだね。とてもいいこと！
- 分類・整理をしてわかることはなにかな？

⑧「これって前に学習してきたことと似ているところがあるよね」

「結局○○ということか」

これは統合する姿です。

> 前の学習と今日の学習をつなげようとしているでしょ。それこそが学び
> を深めているということなんだよ。つなげて考えた結果、どんなことが
> 見えるのか。そこがとても大事なんだよ。

⑨「他にも考えあるよ！」「他にも考えがありそう」

これは多様な考えを考える姿です。

> ・算数って、たくさん考えが出てくること多いよね。それを見つけよう
> 　としている姿はステキ。
> ・ちなみに、先生は３つ見つけたよ！

⑩「え？　どうなるのかな」

これは実際に確かめる姿です。

> 自分が疑問に思ったこと、問い、予想したことを先生が何も言わなくて
> も実際に確かめている姿はとてもステキ。

⑪「何かきまりがありそう」

これはきまりを見つける姿

> ・きまりをみつけようと挑戦するのはとても大切なことなんだよ。
> ・きまりを発見できたら、とてもステキ。

⑫「これって、いつでも使えるんじゃない？」「前の○○が使える
んじゃない」

これはいつでも使えることを考える姿です。

> いつでも使えそうなことを考えることはとても大事だよ。きまりを発見
> しようとすることと似ているよ。

⑬「私、○○がわからない〜」

これは、わからないと言える姿

> わからないって言えたのは本当にステキ。人にわからないって知られる
> の恥ずかしいよね。でも、言えるということは本当に勇気がいることな
> んだよ。

想定してこなかった考えが
出てきたときには

● ● ● ● ● ● ● ● ● ● ● ● ● ● ● ● ● ●

　授業では想定していなかった考えが出てくることもあります。よくわからない考えが出てくるときもあります。そんなときは、

知ったふり・わかったふりをするのではなく

一緒に考える

ということが大切です。決して、授業の邪魔な考えが出てきたとか、そんな考えをもってはいけません。そんな考えをもってしまうと、きっと言動に出てきてしまいます。出てきた考えを扱わないことは簡単です。しかし、そんなことばかりしていると、子どもたちは表現をしなくなります。

　また、想定していない考え、わからない考えも学習を深めていくための一つのきっかけになる可能性もあります。

　私は想定していない考えが出てきたときには、

　「おぉ、面白い！　正直、先生が予想していなかった考え！」

などと言うことが多いです。ときには、

　「それを考えたいんだけど、ちょっと今はごめんね」

と言うこともあります。

　また、わからないときには、

　「ごめんね。先生、よくわからないかも…。だから教えて」

　「え？　みんなわかるの？　教えて」

　「みんなで考えよう！」

と子どもたちに言います。

　このように私は自分の心で思っていることをそのまま言うことが多いです。

教科書に出てくる考え方は すべて扱う?

　算数の教科書には、いくつかの考えが出てきます。たとえば、下のように A さん、B さんといったようにです。

Aさんの考え　　　　**Bさんの考え**

　結論から言えば、

どちらの考えも扱うほうがいい

ということです。

　もし B の考えが出てこなかったときには、

「教科書を開いてごらん、考えがもう１つあるよ。
出てこなかった考えを３人に説明してみよう」

といったように出てこなかった考えを理解するための活動を取り入れるようにしています。以前はどうにかBさんの考えを子どもたちから出させようとしていましたが、どんどん授業の雰囲気が重たくなっていきました。そのため、上記のような活動を取り入れます。

　子どもたちは説明するときに、

ノート、ホワイトボード、ジャムボードなどを駆使して説明する

場を設けるようにしています。説明するだけでいいの？　と思われたかもしれませんが、私は説明できる＝理解できていると考えています。

　さらに、説明することで終わるのではなく、そのBさんの考えを使ってちがう問題を解いてみるとよいでしょう。

　子どもたち自身で説明することが難しそうにしていれば、そのときは先生が教えたらよいのです。

　また、子どもたちがたくさんの考えを思いついたときには、

「じゃあ、教科書を開いてごらん。自分の考えは教科書のどの考えと似ているかな」

と言い、自分の考えと教科書の考えを関連づける活動を取り入れるようにしています。

　他にも、全体で考えを交流した後に、

「全体で出てきた考え方は教科書のどの考えだろう？」

といった活動を取り入れることもあります。

　また、教科書にはない考えが出てきたときには、「すごい！」とほめています。

　このように取り組んでいくことで、子どもたち自身も教科書の考えを大切に扱っていくことでしょう。

授業の最後には決めゼリフ

　私は授業最後に、以下のような7つの決めゼリフを言うことで、本時、これまでの単元で働かせてきた数学的な見方・考え方や、既習をもとに考えることを子どもたち自身が改めて、気づき・実感ができると考えています。

（1）「○○（大切な・わかった）ことは何？」
（2）「早く・簡単に考えることができそうなのはどれ？」
（3）「それぞれのよさは何かな？」
（4）「どんなときでも使えるのはどれ？」
（5）「もし○○でも大切にしたいことは何？」
（6）「同じ（共通している）・ちがうところは何？」
（7）「これまでの学習と似ている（ちがう）ところは何？

　たとえば、わり算の授業で、

> 15個のあめを1人3個ずつ分けます。何人に分けることができますか

についての学習をしたとします。前時に「15個のあめを3人で分けます。1人何個ですか？」という学習をしているときには、

（7）「これまでの学習と似ている（ちがう）ところは何？

と授業終わりに聞き、考えるということです、
　詳しくは拙著「そのひと言で授業・子供が変わる! 算数7つの決めゼリフ」東洋館出版社（2019）をご覧ください。

情報を集める→情報を整理する・分析する→情報をまとめる を位置づける

● ●

「情報を集める→情報を整理する・分析する→情報をまとめる」というサイクルを位置づけていくとより授業がよくなっていきます。

たとえば、ダンゴムシとバッタの体づくりの共通点・ちがう点をさがそうという課題を提示し、まずはめあてづくりをしました。

①情報を集める

2つの動画を子どもたちに提示します。このときはタブレット端末で送っておくことで、自分のペースでみることができます。子どもたちは2本の動画をみて、ダンゴムシとバッタの体づくりの共通点・ちがう点という情報を集めました。

②情報を分類・整理する

情報を集めた後は、全体でダンゴムシとバッタの体づくりの共通点・ちがう点についての交流をしていきます。

③情報をまとめる

授業の最後に、交流したことをもとに大切なことやわかったことをまとめていきます。

最後に…

　本書は3年生の4・5月について特化した本になります。ということは、6月については書かれていない本になります。

　6月といえば、魔の6月、6月危機、6月クライス…といった言葉を思い浮かべる方も多いことでしょう。これらの言葉は、6月に学級が荒れる、6月に学級が崩壊するということを表す言葉です。

　ここ最近、6月に学級がしんどくなるという言葉がたくさん溢れています。でも、私が教師になりたてのころには、このような言葉はなかったようにも思います。15年前にはこんな言葉はなく、ギャングエイジという言葉をよく聞いていたような気はします。

　15年の間に、6月がしんどくなる学級のケースが多いため、このような名称がつくられたことなのでしょう。ただ、これらの言葉に振り回されないでください。

6月に一気にしんどくなるのではありません。

4月・5月から少しずつ綻びができているのです。

そういった綻びが一気に6月に崩壊してしまうのです。

　4・5月騒がしかったから→6月崩壊

というケースよりも、

4・5月静か→6月崩壊

4・5月真面目に取り組んでいた→6月崩壊

ということのケースの方が多いように感じます。

　冒頭に、本書は6月のことは書いていないと記しましたが、直接なことは書いていないということです。ただ、大切にしたいという間接的なことは書いてきました。だからこそ、6月は4・5月に立ち戻り、取り組んでいく必要があります。反省することは反省してもいいですが、ブレたらダメなところはブレてはダメです。

　また、18ページにも書いたように、4・5月は形成期であり、

6月は混乱期

なのです。子どもたちの考え方の枠組みや感情がぶつかり合う時期なのです。だから、これまで以上にトラブルが起こるとも考えることができます。そして、この混乱期は、

より学級が成熟するためには必要不可欠なこと

なのです。だから、一つひとつのトラブルに対して、真摯に取り組んでいくしかないのです。よりよい学級になるためには必要なことなのですから。

　このように考えると、気が楽になりませんか。

　ただ忘れてはいけないことがあります。それは、

この2ヶ月で子どもたちは成長しています。

そして、先生自身も成長をしています。

　それを信じて、6月に突入しましょう。

【参考・引用文献】

・中村健一「策略―ブラック学級開き　規律と秩序を仕込む漆黒の三日間」明治図書出版
（2022）

・野中信行『学級経営力を高める３・７・30の法則』学事出版（2006）

・樋口万太郎「GIGAスクール構想で変える！１人１台端末時代の学級づくり」明治図書
出版（2022）

・樋口万太郎「GIGA School時代の学級づくり」東洋館出版社（2022）

・安部恭子「『みんなの』学級経営 伸びる・つながる小学３年生」東洋館出版社（2018）

・授業力&学級力編集部「１年間まるっとおまかせ！小３担任のための学級経営大事典」
明治図書出版（2019）

・赤坂真二「学級を最高のチームにする！365日の集団づくり ３年」明治図書出版（2016）

・ロケットスタートチーム「小学３年の学級づくり&授業づくり 12か月の仕事術（ロケッ
トスタートシリーズ）」明治図書出版（2019）

・新納昭洋「明日からできる 速効マンガ３年生の学級づくり」日本標準（2019）

・樋口万太郎「これから教壇に立つあなたに伝えたいこと」東洋館出版社（2021）

・石井英真、樋口万太郎「学習者端末 活用事例付:算数教科書のわかる教え方 １・２年」
学芸みらい社（2022）

・樋口万太郎「子どもがどんどん自立する！１年生のクラスのつくり方」学陽書房（2023）

・樋口万太郎「そのひと言で授業・子供が変わる！　算数の７つの決めゼリフ」東洋館出
版社（2019）

おわりに

　本書をお読みいただき、ありがとうございました。本書は1年のたった6分の1の2ヶ月間のことしか書いておりません。だから、3年生の学級経営の様々な本の副読本として取り扱ってもらえるとうれしいです。

　ただ、副読本とは書きましたが、1年間の学級経営をしていくうえでのコアとなるところはすべて書きました。

　昨年度、15年ぶりに3年生の担任を受けもちました。担任発表後、「3年生の担任になりました」とSNSに投稿したところ、多くの初任や若手の先生から「私もです！」というリアクションがありました。そして、同じくらい「不安です！！」というリアクションもありました。そこで、3年生に特化したセミナーを開いたり、サークルをつくったりしました。そこに投稿された悩み、私が発信したことなどを大幅に加筆・修正したものが本書になります。

　私が自信満々にこうすれば学級経営がうまくいく！　と言いたいところですが、そうはなかなか思えません。

・日々悩んでいます
・保護者からの電話にドキドキします
・教室の先生の机に連絡帳が置かれていないかドキドキしています
・自分の指導が本当によかったか心配になります
・いつか学級崩壊するのではないかとドキドキします

　自信満々に思うよりも、これぐらいの不安がある方がよいのではないかと自分に言い聞かせています。自信満々の学級経営こそこわいものはありませんから…。

　最後になりましたが、企画・執筆にあたり温かく見守ってくださった東洋館出版社の北山俊臣様、ゼミの皆さま、そして、28人の樋口学級の子どもたち、保護者の皆様、同僚の皆様ありがとうございました。

樋口万太郎

樋口万太郎（ひぐち まんたろう）

1983年大阪府生まれ。大阪府公立小学校、大阪教育大学附属池田小学校、京都教育大学附属桃山小学校を経て、香里ヌヴェール学院小学校に勤務、現在に至る。

日本数学教育学会、全国算数授業研究会幹事、関西算数授業研究会元会長、授業力＆学級づくり研究会などに所属。主な著書に『GIGA School時代の学級づくり』『これから教壇に立つあなたに伝えたいこと』『教壇に立つ20代のあなたに伝えたいこと』『そのひと言で授業・子供が変わる！算数７つの決めゼリフ』（東洋館出版社）など多数。

はじめての3年生担任　4月5月のスタートダッシュ

2023（令和5）年2月24日　初版第1刷発行

著　者	樋口万太郎
発行者	錦織圭之介
発行所	株式会社 東洋館出版社
	〒101-0054　東京都千代田区神田錦町2-9-1
	コンフォール安田ビル2階
	代　表　TEL：03-6778-4343　FAX：03-5281-8091
	営業部　TEL：03-6778-7278　FAX：03-5281-8092
	振替　00180-7-96823
	URL　https://www.toyokan.co.jp
[装　丁]	原田恵都子（Harada＋Harada）
[組　版]	株式会社 明昌堂
[印刷・製本]	株式会社シナノ

ISBN978-4-491-05071-3　　Printed in Japan